lesen /
leuchten /
lieben /

Bildlektüren für ein Christentum
des 21. Jahrhunderts

T V Z

lesen /
leuchten /
lieben / Bildlektüren für ein Christentum des 21. Jahrhunderts

Herausgegeben vom Forum für Zeitfragen Basel

T V Z
Theologischer Verlag Zürich

Die Deutsche Bibliothek – Bibliographische Einheitsaufnahme
Die Deutsche Bibliothek verzeichnet diese Publikation in der
Deutschen Nationalbibliographie; detaillierte bibliographische
Daten sind im Internet über http://dnb.ddb.de abrufbar

Herausgeber
Forum für Zeitfragen
Kurse, Projekte, Beratung
der Evangelisch-reformierten Kirche Basel-Stadt

Redaktion
Annette Berner
Luzius Müller

Umschlaggestaltung, Layout und Satz
Mario Moths, Marl

Druck
Westermann Druck Zwickau GmbH

ISBN 978-3-290-17703-4

© 2013 Theologischer Verlag Zürich
www.tvz-verlag.ch

Inhalt /

Geleitwort /

Ich bin sicher nicht mit einem Bilderverbot aufgewachsen. Aber bei uns galt die Überzeugung, dass die Welt und die Menschen darin oft so sind, dass eine simple Beschreibung kaum ausreicht. Das war nicht besonders philosophisch gedacht, sondern diese Erkenntnis nährte sich aus der Alltagserfahrung.

«Du machst dir kein Bild»: So begann meine Grossmutter fast immer, wenn sie eine Geschichte oder Begebenheit erzählte, die sie besonders berührt, schockiert, erheitert oder erstaunt hatte.

«Du machst dir kein Bild»: eine ambivalente Formulierung, denn weder ging es um die Bitte um Unterlassung noch um ein Verbot, sondern um das Gegenteil; dahinter steckte eine besonders eindringliche Aufforderung, mir eben doch ein Bild, eine Vorstellung zu machen, auch wenn dies aufgrund der erinnerten Situation schwierig bis unmöglich schien. Es war die Zeit, als ein Leben ohne Smartphone die Normalität war. Es gab nur wenige Fotos. Und die sagten ja auch nicht alles.

Aber meine Grossmutter machte es einem auch nicht sonderlich schwer, sich ein Bild zu machen, so wie sie erzählte. Sicher kamen die Verben, die die Bildlektüren in diesem Buch beschreiben, allesamt einmal vor in ihren Geschichten – in ihrem Leben sowieso. Sie war ein «Verbenmensch», eine Frau mit grossen Händen. Sie hätte sich selbst nie als Christin bezeichnet, das war ihr viel zu pathetisch. In dem Bild, das dieses Wort in ihr entstehen liess, hätte sie sich nicht wiedergefunden. Aber sie hätte auch nie gesagt, sie sei keine Christin oder ohne Glauben. Das war einfach nicht ihre Sprache.

«Du machst dir kein Bild»: Das war ihre Sprache. Und damit sagte sie: Aufgepasst, Phantasie ist gefragt, oder Mitgefühl, am besten beides, um einzutauchen in die Welt der Ereignisse, von denen nur erzählt werden konnte. Als Zuhörerin konnte ich in meinem Kopf, in meinem Herzen, zur Augen- und Ohrenzeugin werden.

«Du machst dir kein Bild»: Doch, das tat ich nach Kräften, ein möglichst farbiges Bild sogar, vielleicht auch ein krasses oder ein gruseliges, eines, das mir die Sache, um die es ging, lebendig machte. Die Geschichten veränderten sich im Laufe der Zeit, die Grossmutter wurde älter, aber nie wäre mir eingefallen zu sagen: «Das hast du aber letztes Mal ganz anders erzählt». Letztes Mal war letztes Mal; jetzt bekam die Geschichte vielleicht einen neuen Fokus, einen anderen Blickwinkel, zusätzliche Akteure oder Einzelheiten, die vorher nicht im Vordergrund standen. Und mein Bild bekam sanfte Korrekturen.

«Du machst dir kein Bild»: Wenn es um das Christentum, um den Glauben geht, ist das vielleicht eine angemessene Aufforderung. Denn wer ein Bild haben will, muss sich wohl sein eigenes machen, das nur eines unter vielen sein kann, eines, das sich mit der Zeit auch verändern kann. Nein, wir können uns kein einheitliches Bild vom Christentum machen, uns nur gegenseitig sagen: «Du machst dir kein Bild». Der Ton unserer Stimmen wird darüber Auskunft geben, in welchem «Zustand» wir es gerade erleben und verstanden wissen wollen. Dazu braucht unsere Vorstellungskraft Ermunterung.

Das sind für mich die vorliegenden Bildlektüren, eine Ermunterung im Sinne meiner Grossmutter: «Du machst dir kein Bild». Sie erzählen mit unterschiedlichen Stimmen, aus verschiedenen Perspektiven, was Christen und Christinnen für möglich oder unmöglich halten, was sie sich vorstellen können oder lieber gar nicht vorstellen möchten, wovon sie sich überwältigen oder einfach gerne überraschen lassen möchten.

In der Betrachtung der Bilder darf sich die Leserin von der Anstrengung, sich immer wieder selbst etwas vorzustellen, erholen. Die Bilder sind wie Parkbänke am Wegesrand bei einem Gang durch die Glaubenswelt. Ich habe dabei Lieblingsplätze entdeckt, die ich schon immer mochte und mit Freuden wiedergefunden habe.

Mancher Platz war mir unbekannt, erschien unverhofft und lud doch zum Verweilen ein.

Ich wünsche allen Leserinnen und Lesern einen anregenden Spaziergang. Berechnen Sie ausreichend Pausen mit ein!

Pfrn. Barbara Stuwe
Kirchenrätin der Evang.-ref. Kirche Basel-Stadt,
ehemalige Präsidentin der Leitungskommission
Forum für Zeitfragen

Ein Bild, so heisst es, sagt mehr als tausend Worte. Zu Recht: Bilder bieten viel Lesestoff, erlauben die unterschiedlichsten Lesarten, eröffnen unzählige Möglichkeiten der Lektüre.

Wir verstehen Bildlektüren als eine kreative Form der wahrnehmenden, deutenden und interpretierenden Auseinandersetzung einer Betrachterin, eines Betrachters mit einem Bild. Der vorliegende Band umfasst 39 Bilder und deren Lektüre. Die Bilder entstammen zumeist nicht einem religiösen Kontext, aber sie sind theologisch lesbar, deutbar. Die Bildlektüren schaffen so einen Zusammenhang zwischen den Bildern und der christlichen Tradition. Sie sind als kurze Anregungen, Gedanken, Reflexionen, Meditationen für ein Christentum der Gegenwart zu verstehen. Sie beschreiben, was das Christentum im 21. Jahrhundert ist bzw. sein könnte. Unsere Schrift stützt sich also wesentlich auf Bilder: Wir meinen, die Beantwortung der Frage nach dem Christentum des 21. Jahrhunderts bedürfe nebst der Texte auch der Bilder, ihrer reichen Möglichkeiten wegen.

In der 2000-jährigen Geschichte des Christentums gaben viele Menschen ihre Antworten auf die Frage, was das Christentum ist bzw. sein könnte. Sie antworteten in Bekenntnissen, Katechismen und Dogmatiken, in Predigten, Traktaten und Briefen, in Gedichten, Essays und Romanen oder schlicht mit ihrem Leben. Eine allgemeine Fassung des Begriffs Christentum, die nicht schon zwischen Rechtgläubigen und anderen, Orthodoxie und Häresie, unterscheidet, könnte lauten: Christentum ist die Summe all dessen, was Christinnen und Christen als Christinnen und Christen lesen, denken, sagen, tun, hoffen, leben, lieben.

Diese Formulierung geht davon aus, dass Christinnen und Christen ihr Christentum realisieren, indem sie als Christenmenschen leben und erleben, handeln und erleiden, tun und lassen – in Gedanken, Worten und Werken. Deshalb legt es sich uns nahe, das Christsein in Verben, in Tätigkeitswörtern zu beschreiben.

Das vorliegende Buch bildet gewissermassen ein Vokabular mit 39 Verben für ein Christentum des 21. Jahrhunderts. Diese Verben werden durch die Bilder und die Bildlektüren erläutert.

Die Vorgabe an die Autorinnen und Autoren dieses Buchs lautete: Suche, ausgehend von einem Verb, ein passendes Bild, und bringe beide in ein Gespräch! Die Bilder wurden so zu Inspirationsquellen für die Texte. Es wären ganz andere Texte entstanden, hätten wir ohne die Bilder gearbeitet. Sie haben unser Nachdenken über die Verben massgeblich beeinflusst und gelenkt. Manchmal ist der Zusammenhang zwischen Verb und Bild ganz offensichtlich. Bisweilen ist die Verbindung sehr assoziativ, sodass der Text sich erst sorgfältig an der Beschreibung des Bildes abarbeitet, bevor er das fragliche Verb ins Spiel bringt. Vorgaben bezüglich der Auswahl von Bildern gab es keine. Gewählt werden konnte ebenso ein fotografischer

Schnappschuss wie das frühmoderne Ölgemälde oder die Abbildung einer antiken Statue.

Wir fragen in unserem Buch nicht wie herkömmliche Bekenntnisse oder Katechismen danach, was Christenmenschen glauben sollten, mit welchen metaphysischen Setzungen oder himmlischen und höllischen Wesen sie ihren Glauben zu bevölkern haben, sondern schlicht: Was tun Christinnen und Christen als Christinnen und Christen? Wie wird ihr Glaube erfahrbar? Wodurch äussert sich das Christliche im Leben der Menschen, die sich dieser Religion zugehörig fühlen?

Unsere Sammlung nennt dabei einerseits Verben, die sofort der religiösen Sprache zugeordnet werden können, «segnen» etwa, «beten» oder «glauben». Teilweise haben wir traditionelle Begriffe durch neue ersetzt. So heisst es bei uns nicht «stellvertreten», sondern «einspringen». Das Vokabular umfasst aber auch allgemeine Verben wie «essen», «lesen», «sich wandeln». Wir wollen diese Verben nicht als exklusiv christlich verstanden wissen, aber sie gehören unseres Erachtens dennoch ganz selbstverständlich und konstitutiv zu einem Christentum des 21. Jahrhunderts. Sie bezeichnen zentrale Aspekte der christlichen Tradition; sie markieren nicht Abgrenzungen des Christlichen vom Nicht-Christlichen. Wir suchen also nicht nach Unterscheidungen zwischen Christlichem und Weltlichem, sondern die ausgewählten Verben beschreiben das Christentum von seinen zentralen Tätigkeiten her. Es entsteht dabei das Bild eines Christentums in der Welt, wo es letztlich auch immer stattgefunden hat – denn selbst die Klöster wurden in der Welt gebaut und mussten sich mit viel Weltlichem beschäftigen, nicht zuletzt dem Jäten des Klostergartens.

Unser Vokabular kann selbstverständlich keine vollständige Liste aller für das Christentum wesentlichen Verben darstellen. Es umfasst jene Verben, mit denen wir, das Autorenkollektiv, Christentum beschreiben wollen, im Bewusstsein, dass die Summe dessen, was Christentum ist, sich nicht in 39 Verben abschliessend fassen lässt. Das Christentum ist ständig weiter, anders und neu tätig.

Mit unserem Zugang ergeben sich zwei offensichtliche Differenzen zu traditionellen theologischen Umgangsweisen mit der Frage nach dem Christentum:

1. Es ist in fast allen christlichen Traditionen dogmatisch wesentlich, dass das Christentum von seinem Zentrum, seiner Mitte, seinem Haupt her verstanden sein will: Jesus Christus. Christus sei das Zentrum; das Christentum, die Gläubigen, die Kirchen lagerten sich quasi als Ableger um dieses Zentrum herum. Wir jedoch gehen von Verben, von menschlichen Tätigkeiten aus, weil wir glauben, dass Christus heute eben im Denken, Reden und Handeln von Menschen Gestalt gewinne und für Menschen des 21. Jahrhunderts erlebbar werde. Es ist dies unsere Interpretation des Paulus-Wortes, dass wir der Leib Christi, der sichtbare,

erfahrbare und tätige Aspekt Christi seien. Wir gehen damit gleichsam den Weg einer dezentralen Christologie. Die Konstruktion von Zentrum und Rand wird damit aufgelöst, denn die Mitte ist gewissermassen überall – allgegenwärtig.

2. Christliche Theologie hat sich immer auch damit befasst, was als Christentum zu gelten habe und was nicht. Sie hat sich immer wieder mit der Frage nach Inklusion und Exklusion bestimmter Gruppen, Bewegungen und Lehren auseinandergesetzt. Jeder neue Versuch, das Eigentliche am Christentum, das wahre Christliche, die Mitte zu definieren, erzeugt aber eben damit ein neues «wahres» Christentum – eines mehr. Tatsächlich besteht das real existierende Christentum aus einer Vielzahl von «Christentümern», die sich zum Teil das Christentum gegenseitig abzusprechen versuchen. Pluralismus ist nicht bloss ein Markenzeichen der reformierten Kirchen. Pluralität ist faktisch ein Charakteristikum des gesamten Christentums – und vermutlich aller grossen

Religionen. Das Verbindende, die Einheit, der Fokus all dieser unterschiedlichen «Christentümer» und ihrer Bestrebungen mag bisweilen tatsächlich nicht mehr – und nicht weniger – als die Bezugnahme auf dieselben Überlieferungen und der diesen Überlieferungen gemeinsame Name Jesus Christus sein. Was diese Überlieferungen für uns in unserer jeweiligen Lebenssituation und auf der Basis unserer Herkunft und Sozialisation bedeuten, muss immer wieder neu ergründet und erfahren werden. Eben dazu will unser Buch einen Beitrag leisten. Wir bemühen uns dabei aber eben nicht um Abgrenzungen, sondern begrüssen die Pluralität als ein für uns wichtiges Charakteristikum unseres Glaubens.

Aus den oben gemachten Überlegungen resultiert, dass unsere Schrift mehrstimmig und heterogen angelegt sein muss: Dies erreichen wir durch die Mitarbeit verschiedener Autorinnen und Autoren. So werden Sie, geschätzte Leserinnen und Leser, in unserer Schrift sechs Stimmen hören, Texte von sechs Theologinnen bzw. Theologen lesen. Es sind drei Männer und drei Frauen verschiedenen Alters, die in unterschiedlichen Diensten und Funktionen in den reformierten Kirchen der Nordwestschweiz tätig sind oder waren. Sie schreiben zusammen an einem Buch und erarbeiten so gemeinsam ein teilweise in sich spannungsvolles, ja widersprüchliches Ganzes. Jedes Verb wird von nur einer Person besprochen; es musste also eine Auswahl getroffen werden.

Diese Mehrstimmigkeit reflektiert nicht zuletzt ein wichtiges biblisches Prinzip: Die Heilige Schrift umfasst vier kanonische Evangelien, vier Geschichten über Jesus Christus. Schon in der alten Kirche wurde die Mehrstimmigkeit im Text akzeptiert, wurden Unterschiede ausgehalten, wurde nicht der Versuch unternommen, zu vereinheitlichen und ein Differenzen bereinigendes Gesamtevangelium zu verfassen. Die Vierzahl der Evangelien ergibt dennoch ein Ganzes, einen grundlegenden Bestandteil der in sich heterogenen christlichen Texttradition.

Die Idee der Bildlektüren für ein Christentum des 21. Jahrhunderts ist auch dem Jahresthema 2012/13 des Forums für Zeitfragen geschuldet. Es heisst: «Bilder lesen». Dieses Jahresthema bildet den Schlusspunkt einer langen Reihe von Jahresthemen des Forums für Zeitfragen. Ende 2013 schliesst diese Erwachsenenbildungsinstitution der Evangelisch-reformierten Kirche Basel-Stadt ihre Pforten. Am Ende des Forums für Zeitfragen möge dieses Buch stehen als eine Essenz unserer Arbeit und hoffentlich als ein Ausblick auf einen Neustart der Erwachsenenbildung der Evangelisch-reformierten Kirche Basel-Stadt.

Wir haben es den Autorinnen und Autoren überlassen, in ihren Texten mit den sprachlichen Geschlechterformen nach eigenem Gutdünken umzugehen. So wird in den Beiträgen unterschiedlich auf die Anforderungen einer geschlechtergerechten Sprache eingegangen. Auch in dieser Frage wollten wir Mehrstimmigkeit zulassen und keinen Status confessionis ausrufen.

Unser herzlicher Dank gilt dem Verein Forum für Zeitfragen und dem Kirchenrat der Evangelisch-reformierten Kirche Basel-Stadt, die dieses Buch durch ihre finanziellen Beiträge ermöglicht haben. Sodann danken wir auch dem Theologischen Verlag Zürich für die angenehme und produktive Zusammenarbeit.

Luzius Müller

14

anfangen /

Kasimir Malewitsch, Painterly Realism.
Boy with Knapsack – Color Masses in the Fourth Dimension (1915)

Kasimir Malewitschs suprematische Komposition zeigt ein schwarzes und ein rotes Quadrat auf weissem Grund. Die Darstellung ist hochformatig. Das schwarze Quadrat befindet sich in der oberen Bildhälfte und ist grösser als das untere rote Quadrat, das leicht gedreht ist und sich dem schwarzen Quadrat gewissermassen zuwendet. «Das ist doch gar keine Kunst, das könnte ich auch», hört man Betrachter dieser und ähnlicher Bilder bisweilen sagen.

Malewitsch, Mondrian und andere begannen zu Beginn des 20. Jahrhunderts in einer Art zu malen, die einen Neuanfang darstellte. Sie brachen mit der Tradition der herkömmlichen gegenständlichen Malerei, sie suchten neue Wege, neue Zugänge, neue Ausdrucksformen. Sie malten nicht mehr Landschaften und Personen, sondern Elemente und Strukturen. Ihre Reduktionen sind gleichsam Analysen von Grundformen der Malerei. So hofften sie, die Malerei neu zu entdecken, denn diese hatte einen Grad an Perfektion erreicht, der kaum mehr zu überbieten oder weiterzuentwickeln war; sie war an ein Ende gekommen. Malewitsch und andere begannen, mit den Elementen der darstellenden Kunst zu experimentieren wie Chemiker mit den Elementen der Chemie: Sie variieren jeweils einen Parameter ihrer Versuchsanordnung und untersuchen den Einfluss dieser Variation auf das Ganze. Wie verändert sich die Wirkung des Bildes, wenn das rote Quadrat etwas gedreht wird?

«Jedem Anfang wohnt ein Zauber inne», schreibt Hermann Hesse in seinem Gedicht «Stufen». Jedem Anfang wohnt aber auch etwas Rohes, Rudimentäres, Unfertiges inne. Am Anfang ist die Zwiebel, und nicht die Blume, der Same, und nicht die Frucht, die Wurzel, und nicht das Blatt. Das Angefangene ist noch jung, unausgereift und unvollkommen. Das Ergebnis steht noch nicht klar vor Augen, allenfalls eine ungefähre Vorstellung desselben. Anfangen ist ein Experiment. Wer den Anfang macht, befindet sich im

Modus des Versuchs. Er ist in gewissem Sinne Anfänger und kennt das Ende noch nicht.

«Das ist doch keine Kunst, das könnte ich auch.» Aber tue ich es auch? Wage ich den Anfang, ohne das Ende zu kennen? Erlaube ich mir das Experiment?

Das Wort Religion meint so etwas wie Rückbindung an etwas anderes, Älteres, Grösseres. Religion ist daher zumeist traditionsverbunden. Es sind alte Geschichten und alte Riten, an die man sich bindet, die tradiert werden. Aus der Rückbindung an diese Geschichten und Riten kann jedoch der Mut und die Lust erwachsen, zu verändern, Neues zu wagen, neu zu beginnen, anzufangen – insbesondere, wenn Dinge an ihr Ende gekommen, Formen leer geworden und Beziehungen verfahren sind, sodass kaum mehr Veränderung oder Entwicklung möglich ist. Der Neubeginn ist auch dann ein Experiment, ein Wagnis; erst eine Wurzel, eine Zwiebel, ein Same.

Die Gleichnisse Jesu sprechen wiederholt von Samen. Der biblischen Tradition wohnt ein Mut zum Anfang inne.

lm

arbeiten /

Maia Aeschbach, Bücherkoffer (2007)

«Lieben und arbeiten – eine Theologie der Schöpfung»: Das Buch habe ich verschlungen. Das war 1985, Dorothee Sölle hat es geschrieben. Lieben und arbeiten seien die grundlegenden Tätigkeiten der Schöpfung, und Menschen, die lieben und arbeiten, seien gerade dadurch Ebenbilder Gottes – so, höchst vereinfachend, der Grundgedanke des Buchs. Mehr noch als das Nachdenken über das Lieben faszinierten mich die Gedanken zum Arbeiten. Arbeit ist hier keine bittere Notwendigkeit in der gefallenen Welt und wäre in paradiesischen Zuständen nicht überflüssig. Arbeit ist kein Leistungsnachweis und schon gar kein Mittel, um unnütze Mitglieder einer tüchtigen Gesellschaft zu disziplinieren. Sie lässt sich eigentlich nicht aufspalten in bezahlte Lohnarbeit und unbezahlte Reproduktionstätigkeit, weil arbeiten nichts mit Geld zu tun hat. Arbeiten ist Ausdruck des Menschseins. Menschen arbeiten. Sie gestalten die Welt und sind so Gottes Mitarbeiterinnen und Mitarbeiter.

Als Maia Aeschbach den «Bücherkoffer» schuf, dachte sie vermutlich nicht an Arbeit. Aber sie hat zweifellos gearbeitet. Irgendwann fand sie durch langes Experimentieren heraus, wie sich Papier so bearbeiten lässt, dass es satt grau wird und einen metallischen Glanz bekommt. Grafit war mit im Spiel, Bleistift und ungewöhnliche Materialien wie Schweinefett – und viel mechanisches Bearbeiten, viel Handarbeit. Diese Papiere braucht sie vorwiegend für Installationen. Sie verwendet das einmal geschwärzte Papier immer wieder anders, rezykliert ihre eigene Arbeit.

Der «Bücherkoffer» ist eine feste Installation. Der Lederkoffer bekommt einen Bleimantel, wird dadurch schwer und unbeweglich. Er ist optisch kaum von den Papieren zu unterscheiden, die zu Ordnern verarbeitet sind. Die Ordner quellen aus dem Koffer heraus. Oder vielleicht speit der Koffer sie aus, mit grinsendem Maul, hat genug von ihnen, genug von der Ordnung und vielleicht genug von der Arbeit, die ins Ordnen und Verwalten und

Registrieren und Sammeln investiert wird; vielleicht will er frei sein und leer, der «Bücherkoffer». Die ausgespienen Ordner sind leer. Vielleicht wären sie gern nützlich, wären sie bereit, Akten aufzunehmen, Listen und Zahlenkolonnen; aber wer hat heute noch Ordner, wo die Zahlen doch im Computer Platz haben, der erst noch selbst rechnet? Deshalb braucht es weniger Sekretärinnen, es gibt überhaupt weniger Arbeit. Deshalb rechnen die einen immer in Arbeitsplatzverlusten und rechtfertigen damit alles Mögliche. Andere fordern ein bedingungsloses Grundeinkommen, damit Menschen endlich wieder arbeiten können, weil sie Menschen sind und nicht, weil sie in einen Arbeitsmarkt, der vom Kapitalmarkt abhängt, eingespannt sind, hineingestopft wie die Ordner, als sie noch im Koffer waren. Vielleicht sind sie auch froh, die Ordner, dass sie draussen sind und leer bleiben oder ganz andere Dinge aufnehmen können, Kinderzeichnungen zum Beispiel oder absurde Wörtersammlungen.

2007, als Maia Aeschbach die Installation fertigstellte, war sie 79 Jahre alt. Ihre Arbeiten wurden in einer Lebensphase bekannt, in der sie sich hätte zur Ruhe setzen dürfen. Das erste Stipendium bekam sie mit 60. Die meisten Arbeiten haben etwas Irritierendes, Verstörendes, wie der «Bücherkoffer». Das Bleigrau ist keine hübsche Farbe und die Sachen sind sperrig, nicht gefällig. Vielleicht gefallen sie deshalb, weil sie es gar nicht wollen.

Dorothee Sölle hat Maia Aeschbach wohl nicht gekannt; die eine lebte in Hamburg und die andere wohnt bei Aarau. Ihre Art zu arbeiten und zu leben war ziemlich verschieden. Und doch zögere ich nicht, beide als Mitarbeiterinnen Gottes zu betrachten, als Team, das für eine menschliche Welt arbeitet. Papier ist der gemeinsame Träger ihres Arbeitens, bei der einen, wenn sie Vorträge und Bücher schrieb, und bei der anderen, wenn sie Papier schwärzte und glänzte und riss und arrangierte. Dass Maia Aeschbach sich selbst nicht so verstehen würde, spielt keine Rolle.

dd

befreien /

Richard Roland Holst, Ananke (1882)

Senkrecht von oben packt der dreiköpfige Greifvogel die Stirn der menschlichen Figur und spannt seine Flügel nicht beschützend, sondern drohend über ihr aus. Finster und feindlich blicken die Augen des unheimlichen Getiers. Eine schwere Kette liegt der Figur des Menschen um den Hals und scheint sie nach unten zu zwingen. Im Hintergrund links branden aufgewühlte Wogen gegen die Klippe. Drei fahle Lichter stehen am düsteren Himmel. Raubvogel und Kette bilden eine vertikale Linie, in die das Angesicht der menschlichen Figur gleichsam eingespannt ist. Ihr Gesichtsausdruck ist ernst – als würde sie ihr Schicksal stoisch tragen.

Das Wort Ananke, der Titel des Bildes, stammt vermutlich aus dem Semitischen und bedeutet so viel wie Joch, auch Sklavenjoch. In der griechischen Mythologie wird damit der urtümliche, urgewaltige Zwang des Schicksals bezeichnet, dem Mensch und Götter gleichermassen ausgesetzt sind. Goethe bezeichnet die Ananke in seinem Zyklus «Urworte» daher als das harte Muss.

Die in Richard Roland Holsts Lithografie «Ananke» abgebildete Figur ist der zur Strafe an den Felsen des Kaukasus gekettete Titan Prometheus. Der riesenhafte Adler Ethon zerfrisst ihm die Leber. In Aischylos Drama «Der gefesselte Prometheus» findet der Begriff Ananke wiederholt Verwendung. Prometheus ist der Freund der Menschheit, dessen mutige Tat die Götter grausam bestrafen.

Holsts Prometheus weist auffällige Ähnlichkeiten mit Bildern des gekreuzigten Christus auf: Die Krone, das Antlitz, die ausgebreiteten Arme erinnern an Kreuzigungsdarstellungen. Die Ähnlichkeit von Christus und Prometheus ist nicht erst durch Holst konstruiert. Ein Vergleich der beiden Figuren ist naheliegend, wenngleich auch die Unterschiede zwischen der traditionellen Christologie und der Prometheus-Sage offensichtlich sind.

Holsts Lithografie ist in einem anderen Punkt originell: Der riesenhafte Adler Ethon hat bei Holst drei Köpfe, was in der Mythologie so nicht beschrieben ist. In ihrer Anordnung ergeben die Köpfe ein auf der Spitze stehendes Dreieck. Dies erzeugt Assoziationen mit christlichen Dreifaltigkeit-Darstellungen. Allerdings handelt es sich hier um eine dunkle Dreifaltigkeit, gleichsam eine Anti-Trinität, die über dem gebundenen Menschen thront und diesen mit ihren Fängen malträtiert. Holsts Christus-Prometheus ist das Bild des Menschen, der von einer dämonischen Gottheit gefesselt und gequält wird.

Bevor wir Christen irgendetwas befreien wollen, mögen wir uns selbst befreien lassen von unseren eigenen, bedrückenden Gottesbildern, von einer zwanghaft negativen Sicht des Menschen und der Welt, die sich christlich nennt. Wir sollten Holsts symbolistisches Bild als eine faszinierend deutliche Warnung lesen, dass auch der christliche Glaube zu einer bindenden und quälenden, zu einer dämonischen Angelegenheit werden kann. Wir können davon befreit werden, beispielsweise durch das Bild des Auferstandenen, der die Gewalt des Kreuzes und die Dunkelheit des Grabes überwunden hat, der – erlöst von hartem Zwang und bitterer Qual – zum Beginn einer neuen Schöpfung wurde. Das Bild des Auferstandenen befreie uns von einer christlichen Version der Ananke, auf dass wir die Welt neu und frei zu denken und zu sehen beginnen.

lm

begeistern /

Paul Klee, Der Geist auf dem Stiel (1930)

Auf warmem Hintergrund gezeichnet steht hier ein Geist: Paul Klees «Geist auf dem Stiel». Mich berührt dieser Geist und ich weiss nicht recht, warum. Der Baum, auf dem der Geist steht, ist auf das Wesentliche reduziert: ein Ast, ein Stamm, ein Blatt. Ganz in Schwarz gehalten ist dieser Baum und doch entdecken wir daran Kleinigkeiten: windräderartige Verzierungen, stärkere und schwächere Linien. Das Blatt sieht aus, als wolle es den Geist beschützen, und der Geist scheint den Schutz nötig zu haben. Stamm, Blatt und Ast geben dem Geist einen Raum. Hier ist momentan sein Zuhause. Es scheint mir so, als wäre der Baum gern der Gastgeber dieses Geistes.

Das Gesicht des Geistes gibt mir Rätsel auf: Es endet in einem kleinen Mund unter einer langen geraden Nase und wird bestimmt durch riesige Geisteraugen. Beim ersten Betrachten des Gesichts ist mir nicht ganz klar, ob dieser Geist traurig ist, resigniert oder zaghaft. Der Geist hat ein Kleidchen an, er hat dünne Beine und dünne Arme, irgendwie bemitleidenswert. Trotzdem drückt etwas in seiner Haltung auch Kraft und Unberechenbarkeit aus. Vielleicht sind es die Augen, die nicht einfach geradeaus blicken. Er ist wachsam: Mit dem linken Auge schielt er noch weiter nach links als mit dem rechten. Der Geist sieht etwas, das wir nicht sehen; er erblickt etwas, das rechts hinter dem Rücken der Bildbetrachterin liegt. Es scheint, als habe er etwas entdeckt. Und das, was er entdeckt hat, könnte ihn in Bewegung versetzen. Es könnte ihn begeistern. Der Geist könnte unbemerkt davonschweben, auf zu neuen Taten, auf in neue Welten. Er könnte seine nachdenklich-melancholische Haltung abschütteln wie einen unliebsamen Regentropfen und sich dann in Bewegung setzen, voller Begeisterung durch den Wald hüpfen, mit dem Wind mitfliegen, auf und davon.

Für mich verkörpert der «Geist auf dem Stiel» die biblische Begeisterung. Oft geht der Begeisterung eine Starre, eine Leere voraus. Wenn wir an die Begeisterungsszene an Pfingsten denken, dann sehen wir anfangs die Jüngerinnen und Jünger vor uns, wie sie sich gemeinsam in ein Haus verkriechen. Sie wissen nicht, was sie tun sollen. Sie sehen sich des Lebenssinns beraubt. Und plötzlich fährt wie ein Sturmwind der Geist durch das Haus, rüttelt an Wänden und Türen und schüttelt die Jüngerinnen und Jünger durch. Sie lassen sich begeistern, reden in allen Sprachen und werden bald in die verschiedensten Himmelsrichtungen ausschwärmen, um ihre Begeisterung kundzutun. Begeisterung soll und kann anstecken. Begeisterung lodert auf, sie gibt Kraft, sie kann Grosses bewirken; sie macht glücklich, zuversichtlich und kann neue Realitäten schaffen. Aber irgendwann kommen die Widerstände, kommen die Gegenwinde und die Kämpfe, die einen langen Atem brauchen. Und dann kommt die Müdigkeit. Menschen, die sich

begeistern lassen, brauchen wie dieser kleine Geist einen Schutzort; sie brauchen ein Blatt über dem Kopf, einen Ast unter dem Fuss. Sie brauchen Orte der Ruhe und der Stille: bis ihre Augen und Sinne wieder zu wandern beginnen, bis der Wind durch die Bäume rauscht, bis das Feuer der Begeisterung wieder entfacht wird. Für mich ist es schön, dass der biblische Geist oft als Wind beschrieben wird – unberechenbar, stark und aufrüttelnd. Er ist weder fassbar noch haltbar, kommt oft als Naturkraft daher und versetzt Menschen so unverhofft in Begeisterung, dass sie sich von einer Sekunde auf die andere kaum wiedererkennen. Auch wenn es Baumgeister gar nicht geben sollte, kann Paul Klees «Geist auf dem Stiel» für mich ein zaghafter Hinweis auf den begeisternden Geist Gottes sein.

ak

beten /

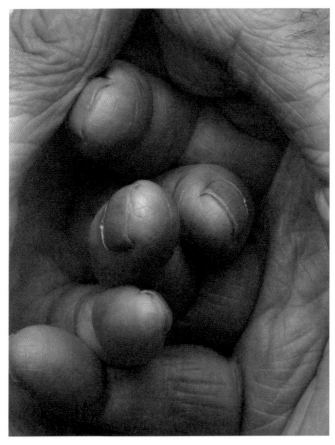

John Coplans, Self Portrait Interlocking Fingers No. 17 (2000)

Finger. Hände. Haut. Fingernägel. Runzeln, Furchen, Hautfalten. Es sind keine jungen Hände. Sie gehören dem Fotografen John Coplans, der zum Zeitpunkt der Aufnahme 80 Jahre alt war. Im Lauf der Jahre haben diese Hände schon viel getan und berührt. Jetzt liegen sie einfach da, ineinander verschlungen, verschränkt. Sie ruhen, sie tun nichts, vorläufig jedenfalls.

Wenn die Hände ruhen, können sie den Menschen zur Ruhe führen. Sie weisen dann den Weg. Sie können bei der Konzentration helfen oder dabei, die Seele zu öffnen. Vielleicht faltet jemand die Hände zum Gebet oder sie werden erhoben oder geöffnet – es gibt viele Gebetshaltungen, es gibt unterschiedliche Gesten der Kontemplation und der Besinnung. Auch wenn der Mensch verzweifelt ist oder glücklich oder dankbar, können die Hände dies ausdrücken, und auch so weisen Hände und Gesten dem Menschen den Weg, damit er für seine Verzweiflung, sein Glück oder seine Dankbarkeit eine andere Sprache findet. Das Gebet der Hände.

Hände können auch andere Dinge tun. Teig kneten zum Beispiel oder einen Brief schreiben, Unkraut jäten oder eine juckende Stelle kratzen, etwas erschaffen (in Handarbeit!) oder ein Instrument spielen. Sanft können sie sein und zärtlich, geschickt und hilfreich. Lauter gute Dinge. Auch diese Dinge können ein Gebet sein. Beten ist schliesslich nicht auf eine bestimmte Haltung beschränkt. Es kann mit oder ohne Worte geschehen, in religiös geprägten Formen oder ganz anders, als spezielle Handlung oder ganz selbstverständlich mit jedem Atemzug. Das Gebet der Hände, jetzt nochmals ganz anders: Ein tätiges Gebet, ein handliches, ein handfestes. Und wenn sie die Kamera halten, auf den Auslöser drücken und ein Bild machen, ist das vielleicht ebenfalls ein Gebet.

Dass Hände auch ganz anders können, wissen wir natürlich. Sie können zerstören und schlagen, sie können Schmerzen zufügen, sie können Unheil anrichten. Aber die wahre Grösse der Hände liege anderswo, lese ich bei Elias Canetti: «Die wahre Grösse der Hände ist in ihrer Geduld. Die ruhigen, die verlangsamten Prozesse der Hand haben die Welt, in der wir leben möchten, geschaffen. Der Töpfer, dessen Hände den Ton zu formen verstehen, steht als Schöpfer ganz am Anfang der Bibel.»

Hände sind zerbrechlich. Manche werden arthritisch, sind kaum noch beweglich und schmerzen. Sie werden schwach. Sie verlieren ihre Eleganz, ihre Jugendlichkeit. Sie werden runzlig, verkrümmt, hinfällig. Auch diese Hände hier. (Und nicht nur die Hände: John Coplans hat seinen ganzen alternden Körper vielfach fotografiert, ohne Schonung, ohne Idealisierung.) Aber gerade so haben die Hände ihre eigene Schönheit, ihre Würde. Sie preisen den Schöpfer auf ihre Weise, mit ihrer zerbrechlichen Schönheit. Das Gebet der Hände, noch einmal.

In seinem wunderbaren Song «Grandma's Hands» singt Bill Withers: «Grandma's hands / Used to hand me piece of candy / Grandma's hands / Picked me up each time I fell [...] / If I get to Heaven I'll look for / Grandma's hands.»

ap

danken /

Henri de Toulouse-Lautrec, Tanz im Moulin Rouge (1892)

Stimmengewirr, Gelächter und Tanzmusik erklingen in mir, wenn ich mich in Henri de Toulouse-Lautrecs Gemälde vertiefe. Es vermittelt die fröhlich-betriebsame Atmosphäre einer gut besuchten Tanzhalle. Die dargestellten Figuren sind elegant gekleidet. Man erkennt schöne Kleider, dunkle Anzüge und Zylinder. Haben sich diese Leute für den Tanz am Sonntagnachmittag feingemacht?

Den Vordergrund und zugleich das Sujet der Darstellung bilden zwei dunkel gekleidete Frauen. Sie tanzen miteinander. Die eine, dem Betrachter zugewandte Dame scheint mit Nadelstreifenanzug und Fellmütze eher maskulin gekleidet zu sein. Leicht und gekonnt führt sie ihre Tanzpartnerin über das Parkett. Sie hält die Augen geschlossen, während ihr Gegenüber sie zärtlich betrachtet. Eigentlich müsste die führende Person ihren Blick wach auf die Tanzfläche richten, während allenfalls die geführte Person die Augen schliessen könnte. Bei den beiden Frauen ist es umgekehrt.

Sie tanzen hingebungsvoll versunken, mit schlafwandlerischer Sicherheit, mit entspannter Selbstverständlichkeit. Sie scheinen nicht wahrzunehmen, dass sie beobachtet werden – und wissen es vielleicht doch.

Das Bild gefällt mir: Es ist die offensichtliche Lust, die den Frauen ihr Tun bereitet. Es ist die schöne, aufrechte Haltung der Tänzerinnen, die Selbstverständlichkeit ihrer Bewegung, das Entspannte, Genussvolle ihres Tuns. Es ist die Versunkenheit in den Tanz: Um sie herum lärmt das laute Leben der Tanzhalle. Ungeachtet dessen kreisen die Tänzerinnen ruhig im Rhythmus der Musik. Ich ahne, dass die beiden Frauen in der Bewegung ihrer Leiber fein, aber sicher verbunden sind.

Henri de Toulouse-Lautrecs Gemälde wird zum Bild für unser Danken: Am Anfang des Dankens stehe die Lust am Leben und all dem Guten und Schönen, das es uns bietet. Meine Dankbarkeit habe daher etwas Heiteres, Leichtes, weil sie sich aus dem Erlebnis der Lebenslust ergibt und auf diese hinweist. Meine Dankbarkeit äussere sich nicht kriecherisch, aufgesetzt oder etwas zur Schau stellend, sondern sie sei vielmehr eine Haltung in meinem Leben: aufrecht, selbstverständlich, entspannt, als würde ich mit geschlossenen Augen tanzen und hätte nie etwas anderes getan. Der Dank sei eine Art Versunkenheit in jene Musik, die ich in dieser Welt zu hören glaube; jene Musik, von der wir meinen, sie sei für uns und alle Geschöpfe gespielt und würde uns zum Leben einladen. Der Dank sei schliesslich Ausdruck der feinen, aber sicheren Verbindung, in der ich mein Leben und Sterben zu wissen glaube.

lm

demaskieren /

Annette Berner, Darth Vader (2013)

Eine Maske ist zu sehen, eine Maske mit Helm. Schwarz, militärisch und technoid. Zwar ist es bloss eine Maske aus der Spielwarenabteilung eines Warenhauses, aber dennoch wirkt sie abweisend, unheimlich und bedrohlich. Die Maske gehört zu einer Filmfigur, Darth Vader. Wer die «Star Wars»-Filme gesehen hat, kennt ihn, kennt die Furcht, die er einflösst, hat seine unnatürliche Stimme im Ohr und sein lautes Atmen. Und weiss, dass er sich auf die dunkle Seite der Macht ziehen liess und seither Rüstung und Maske trägt. Der Mensch hinter der Maske ist nicht zu sehen, keine Haut, kein Gesicht, keine Augen. Keine Frage, Darth Vader ist böse.

Wer die Bibel gelesen hat, den überraschen solche Bösewichte nicht. Der biblische Blick auf die Welt und auf die Menschen ist realistisch. Er rechnet mit Abgründen und mit dem Schlimmsten, und zwar grundsätzlich und bei allen Menschen – und also auch bei einem selbst. In jedem können sich Abgründe auftun, jede ist zu schlimmen Dingen

fähig, auch wenn sie nicht immer die mythische Wucht und die epischen Dimensionen von «Star Wars» annehmen. Und selbst wenn wir bestenfalls noch in einem bildlichen Sinn von der dunklen Seite der Macht sprechen mögen: Von der Aussicht auf Macht lassen wir uns alle verführen. Wir sind alle Sünder, heisst das mit einem traditionellen Begriff, und schon diese Einsicht sollte eine Warnung vor moralischer Überheblichkeit sein.

Radikal ist der biblische Blick aber noch in einer anderen Weise. Er demaskiert die Bösen, und zwar in einem doppelten Sinn: Er reisst jenen, die verborgen in der Anonymität oder hinter einer Fassade der Wohlanständigkeit Böses tun, die Maske vom Gesicht. Und er will – mindestens so wichtig – hinter die Maske des Bösen blicken, auch bei jenen, die ihre Bosheit offen vor sich her tragen. Er reduziert sie nicht auf die Rolle des Bösen, sondern sieht in jedem von ihnen zugleich den Menschen mit seinen Verletzungen, seiner Not und seinem Erlösungsbedürfnis, sieht einen

Menschen, über den sich niemand ein letztes Urteil anmassen kann. Entgegen jedem Augenschein rechnet er mit der Möglichkeit, dass sich Menschen verändern. Mehr noch: Sind sie einmal demaskiert, erscheinen die Bösewichte, die überlebensgrossen und die kleineren, in einem neuen Licht: als Kinder Gottes, von ihm geliebt und gehalten. Ihr Menschsein, das jetzt noch verborgen oder verzerrt ist, wird sich irgendwann zeigen – allein durch Gnade, um eine andere traditionelle Formulierung zu gebrauchen. Und die Gnade, nun, sie wird gerade darin erfahrbar, dass jemand an dieser Möglichkeit der Veränderung festhält.

Die düstere Maske von Darth Vader lässt nicht unbedingt erwarten, wie der Film zu Ende geht: Am Schluss legt der Bösewicht seine Maske ab. Dass hinter der Maske noch ein Rest ist, ein guter Kern: Der Film-Sohn Luke hat es immer geglaubt.

ap

deuten /

Lyonel Feininger, Hulks (1923)

Unter einem gelbgrünen Himmel liegt ein grosses blaugrünes Schiff. Seine drei Masten spiegeln sich im gelbblauen Wasser. Menschen sind auf Deck. Mit zwei Ankerketten wird das Schiff gehalten. Ein kleines weisses Boot fährt darauf zu oder an ihm vorbei. Rauch steigt aus seinem Schornstein. Im Hintergrund ist ein weiteres Schiff zu sehen. Es ist eine Hafenszene, die sich hier abspielt. Ist es Morgen oder Mittag? Wird das grosse Schiff bald auslaufen oder ist es eben erst angekommen? Woher kommt es oder wohin geht es?

Was dieses Bild bedeuten soll, wissen wir nicht. Wir könnten den Künstler befragen, lebte er noch. Weiss er denn eigentlich selbst alles über sein Werk? Wusste er, ob das Schiff, das er gemalt hat, kommt oder geht? Könnte es sein, dass ein anderer in diesem Bild noch ganz anderes sieht als der Künstler selbst, das Bild mit mehr Bedeutung aufzuladen versteht?

Wenn es um die Deutung von Bildern geht, gibt es kein sicheres Wissen, gibt es kein letztes Wort.

Die Darstellung «Hulks» von Lyonel Feininger lässt sich mit einigen Worten beschreiben. Aber die Interpretation, die Deutung, die Suche nach Bedeutung ist nie abgeschlossen, eröffnet immer neue Möglichkeiten, wie ein Schiff, das zum Auslaufen bereit im Hafen liegt und aufs Meer hinausfahren wird – in die Offenheit und die Weite.

So geht es schliesslich nicht darum, was das Bild bedeuten soll, sondern darum, was das Bild für mich bedeutet. Ich werde als Betrachter Teil des Kunstwerks; der künstlerische Prozess ist mit der Fertigstellung des Bildes nicht abgeschlossen. Ich deute, gebe Bedeutung, schaffe Bezüge zu meiner Welt, ergänze das Bild mit meinen Erfahrungen – höre die Schreie der Möwen, das Seehorn des kleinen weissen Schiffes. Es riecht nach Meer, Fisch und Diesel. Ein feiner Wind geht. Jetzt sehe ich: Das Schiff fährt aufs Meer hinaus. Die letzten Güter werden geladen, dann läuft es aus.

Ein Grundvollzug meines christlichen Glaubens ist es, dass ich mein Leben – wie ein Bild –

deute. Ich beschreibe mein Leben nicht bloss, sondern führe die Gedanken weiter, bringe mein Leben in Beziehung zu anderem. Im Deuten meines Lebens, meiner selbst, breche ich auf, bringe mich auf ein gelbblaues, weites Meer, mache mich auf zu anderen Gestaden, die ich jetzt nicht sehe. Die anderen Gestade bezeichne ich mit Worten wie Gott, Christus, Geist, Himmelreich, ewiges Leben. Ich sehe sie nicht, aber ich glaube, ich befinde mich auf einer Reise zu ihnen. So bedeutet mir als Christ mein Leben unter anderem dies: Ich mache mich auf eine Reise aufs offene Meer hinaus mit gutem Ziel.

Die Möglichkeiten der Lebensdeutung in der christlichen Tradition sind kein schmaler Kanal, sondern ein Ozean. Er ist weit und offen. Ich finde darin stürmische und ruhige, aufregende und tröstliche Möglichkeiten, meinem Leben Bedeutung zu geben.

lm

durchschauen /

Dorothee Dieterich, Kirchentag Dresden (2011)

Vor dem prächtigen Kristallverschluss einer Flasche ein Geländer, daneben zwei Kuchenplatten. Eine Puppe, die auf dem Trottoir steht, guckt hinter ihnen hervor, über dem Bierkrug wachsen Stiefmütterchen, vor denen ein Schild steht: Achtung! Eine Vase, eine Kakaodose und das Bild eines Vogels sind zu einem Turm geschichtet und das Auto im Hintergrund wird beim Losfahren Geschirr zertrümmern. Schaufenster sind zu sehen, Spitzendeckchen, Leute, sogar die Fotografin. Innen und Aussen vermischen sich, Gegenstände gehen ungewohnte Beziehungen ein. Ein wirres Bild, vielschichtig, vieldeutig. Wie die Wirklichkeit, in der Menschen leben. Immer ist da viel gleichzeitig, setzen wir die Dinge, die Bilder, Geräusche, die Leute zueinander in Beziehung, bewusst oder unbewusst. Immer bin ich selbst mittendrin, vermischen sich aussen und innen, rutschen die Zeitebenen ineinander. Menschen halten das aus, weil sie aussuchen, über vieles hinwegsehen, ordnen, werten. Und

nicht zuletzt: Weil sie zu durchschauen versuchen, worin sie sich eigentlich bewegen.

Das Bild ist leicht zu durchschauen. Alle kennen den Trick mit dem spiegelnden Schaufenster. Wenn Licht darauf fällt, ist Glas durchsichtig und zugleich Bildträger für ein Spiegelbild. Wenn ich hineinsehe, sehe ich, was hinter dem Glas liegt und was hinter mir – und unabwendbar immer: mich selbst. Das Bild wird besonders dicht, wenn der Blick in eine schon bunt bestückte Auslage fällt und sich wie hier alte Schätze, Schilder, Kitsch und Nützliches mit den Häusern, Autos, Blumenkisten, Gebäuden, Passanten vermischen. Es ist gut, wenn ich das durchschaue, sortieren kann, was innen ist und was aussen, was Gegenstand und was Spiegelbild ist. Das Auto wird das Geschirr natürlich nicht beschädigen. Sehe ich im Schaufenster meine Nachbarin, kann ich mich umdrehen und sie begrüssen. Zu durchschauen, wie etwas funktioniert, ist nötig und hilfreich.

Ich kann aber auch einfach das Schaufenster anschauen, kann einfach schauen, die neuen Verknüpfungen betrachten, mich darüber amüsieren oder mich von den neuen Verbindungen anregen lassen. Manchmal kann ich das auch ohne Schaufenster: einfach schauen, lauschen, spüren, die ganze vieldeutige, vielfältige Wirklichkeit zulassen, nicht erklären, nur betrachten. In den spirituellen Traditionen nennt man das Kontemplation oder Meditation. Da geht es nicht ums Durchschauen. Ab und zu schaue ich dann durch die Dinge hindurch, für einen Moment blitzt der Grund auf, der sie trägt.

In der christlichen Religion hat das Durchschauen schon immer seinen Platz, nicht erst seit ein paar hundert Jahren. Auch die Alten wollten verstehen. Und jede Zeit will, was sie an Schätzen aus der Tradition bekommt, mit ihren eigenen Bildern und Erfahrungen verbinden. Und muss dann wieder sortieren.

Aber der eigentlich spannende Blick ist der andere, der aufs Durchschauen verzichtet, einfach schaut, lauscht, spürt, Vieldeutigkeit zulässt, das eigene Spiegelbild entdeckt und sich über neue Bedeutungen und Verbindungen freut. Kostbar sind die Momente, in denen das Durchschauen unwichtig wird, weil ich hindurch schaue.

dd

Durst haben /

Ansel Adams, Dunes, Oceano, California (1963)

Schön ist sie, die Wüste: atemberaubend und grossartig. Und atemberaubend hart und gefährlich ist sie ebenfalls. Wehe, wenn jemand schlecht ausgerüstet in die Wüste gerät ohne genügend Wasser. Dann ist die Wüste erbarmungslos. Dann kommt der Durst, das quälende Verlangen nach Wasser. Es kommt die Hoffnung, dass sich hinter der nächsten Düne ein Brunnen befindet oder eine Oase. Es kommt die Gefahr, von einer Fata Morgana genarrt zu werden.

Antoine de Saint-Exupéry beschreibt in seinem Roman «Wind, Sand und Sterne» seine Erfahrungen nach einem Flugzeugabsturz in der Wüste:

«Ich fühle keinen Hunger, nur Durst. Dabei hatte ich so gut wie nichts zu essen gehabt, am ersten Tag einige Trauben, seitdem eine halbe Apfelsine und etwas Kuchen. Für mehr Nahrung hatten wir keinen Speichel gehabt. Der Durst aber ist allmächtig, eher noch die Folgen des Durstes: die harte Kehle, die Zunge aus Gips, das Rasseln im Schlund und ein ekliger Geschmack im Munde. Das sind mir neue Empfindungen, und zunächst bringe ich sie in keine Verbindung mit dem Wasser, das sie heilen könnte. Der Durst wird immer mehr zu einer Krankheit und immer weniger ist er ein natürliches Verlangen.»

Wer diesen grossen Durst nicht kennt, kennt den kleinen. Auch bei diesem richtet sich zunehmend alles darauf aus, irgendwann, bald, schnell etwas trinken zu können. Da fehlt etwas, etwas Lebenswichtiges. Es ist ein Bedürfnis, dem man sich nicht entziehen kann. Der Gedanke an den Moment, in dem das Wasser durch die Kehle rinnen wird, nimmt immer mehr Raum ein. Und die Vorfreude auf diesen Moment ist gross.

Der Durst und ebenso der Hunger sind elementare Erfahrungen. Kein Wunder, ist von ihnen auch in einem übertragenen Sinn die Rede. Kein Wunder, sprechen wir vom Wissensdurst und vom Lebenshunger, vom Liebes- und vom Machthunger.

Die religiöse Sprache kennt diese Metapher ebenfalls. In den Seligpreisungen lesen wir: «Selig, die hungern und dürsten nach der Gerechtigkeit – sie werden gesättigt werden.» (Matthäus 5,6) Und in den Psalmen: «Wie die Hindin lechzt an versiegten Bächen, so lechzt meine Seele, Gott, nach dir. Meine Seele dürstet nach Gott, dem lebendigen Gott. Wann darf ich kommen und Gottes Angesicht schauen?» (Psalm 42,2 f.)

Dieser grosse Durst, diese grössere Sehnsucht: Sie gehören zum Glauben, sie sind vielleicht sein Innerstes, sein Antrieb, sein Glutkern. Nicht dass einem deswegen das ganze Leben als Wüste vorkommen muss, das nicht. Aber trotz aller Brunnen und Quellen, die den Durst vorübergehend stillen, bleibt das Bewusstsein: Da fehlt etwas, da gibt es einen Mangel, da steht noch etwas aus. Gott ist noch nicht alles in allem. Das Reich Gottes und seine Gerechtigkeit sind noch nicht da. Deshalb der Durst.

ap

einspringen /

Bildszene aus: Wolf Erlbruch, Frau Meier, die Amsel (1995)

«Ein Christenmensch ist ein freier Herr aller Dinge und niemandem untertan.

Ein Christenmensch ist ein dienstbarer Knecht aller Dinge und jedermann untertan.»
Martin Luther

So stand es in gotischer Schrift über der Bühne des Gemeindehauses. Da es mir als kleinem Mädchen dort oft langweilig war, habe ich an dem Spruch die fremden Buchstaben gelernt. Viel später las ich «Von der Freiheit eines Christenmenschen» und erfuhr dort, dass die Sätze noch weitergehen. Ein Christenmensch ist ein freier Herr aller Dinge im Glauben und ein dienstbarer Knecht in der Liebe. Ich las dann noch viel mehr, über Christus und über die Menschen; begann auf einer Sprache zu bestehen, in der auch die weiblichen Christenmenschen vorkommen; lehnte entschieden ab, dass diese so dienstbar wie die fleissigen Frauen im Gemeindehaus und nur die Christenmänner frei sein sollten – und

behielt die ganze Zeit über die eingravierten Sätze im Kopf.

«Frau Meier, die Amsel» von Wolf Erlbruch, das Bilderbuch, aus dem das Bild stammt, habe ich noch viel später gelesen. Es ist ein wunderbares Buch. Zum Zeitpunkt der Geschichte, den das Bild zeigt, ist Frau Meier schon längst eingesprungen. An Stelle der Vogelmutter hat sie das Vogelkind aufgezogen, ihm mit der Pinzette Würmer zum Fressen gegeben, Tag und Nacht. Was noch fehlt, ist der Flugunterricht, den sehen wir auf dem Bild: den perfekt ausbalancierten Körper, die linke Hand bis zur äussersten Feder, nein Fingerspitze gespannt. Völlige Konzentration und Hingabe gehen von dem schweren Leib der Frau Meier aus und ihr Blick zwingt den Vogel, mit ihr Kontakt aufzunehmen.

Damit, dass Frau Meier für die Vogelmutter eingesprungen ist, wurde sie «ein dienstbarer Knecht» des Kükens. Eingesprungen ist sie, weil dort eine Lücke war, die gefüllt werden musste.

Da es auf der Hand lag, dass dies für den kleinen Vogel lebensnotwendig ist, hat sie auch gar nicht gefragt, ob das nun wirklich ihre Aufgabe sei, ob es ihr wohl gefalle, ob sie es könne, was es ihr bringe und so weiter. So ist das meistens, wenn wir füreinander einspringen: Die Fragen nach dem eigenen Befinden spielen dann keine grosse Rolle. Frau Meiers Befinden hat sich dadurch, dass sie eingesprungen ist, drastisch verbessert. Sie ist seither frei von all den Sorgen, die sie vorher niederdrückten. Und jetzt, im abgebildeten Moment, steigern sich Hingabe und Freiheit zu einer Leichtigkeit, die sie abspringen und fliegen lassen wird. Zu einer zweiten Flugrunde wird sie den kleinen Vogel mitnehmen. Herr Meier, der eher der sorglose Typ ist, wird dann für Frau Meier einspringen und das Mittagessen kochen.

Einspringen mag ich lieber als dienen. Das klingt nicht hierarchisch und hört wieder einmal auf. Und ich frage mich, ob meine verkürzte Erinnerung an die Sätze Martin Luthers nicht etwas für sich hat. Vielleicht ist es gar nicht so wichtig auseinanderzuhalten, was im Glauben und was in der Liebe gilt.

dd

ermahnen /

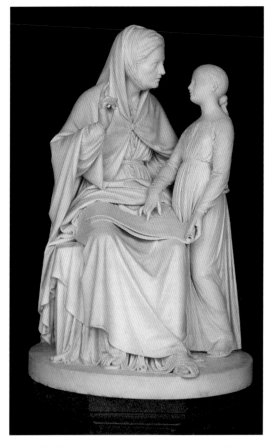

Giovanni Maria Benzoni, Die Heilige Anna und die Jungfrau (19. Jh.)

Im «Deutschen Wortschatz nach Sachgruppen» von Franz Dornseiff taucht ermahnen unter der Überschrift «Warnung» in folgender Umgebung auf: abmahnen, abraten, abreden, drohen, mahnen, unken, warnen, einen Wink geben, reinen Wein einschenken, zu bedenken geben, die Hölle heiss machen. Damit ist deutlich, dass wir diese Tätigkeit nicht besonders schätzen. Unglücklicherweise wird in der Bibel häufig ermahnt. Das Wörterbuch zum Neuen Testament zählt für das entsprechende griechische Verb 109, für das zugehörige Hauptwort 25 Belege. Sie gehören zu den wichtigsten Begriffen des Sagens und Beeinflussens im Neuen Testament. Kommt dazu, dass Paulus das Wort viel gebraucht und auch in der Apostelgeschichte, die von Paulus erzählt, wird oft ermahnt. Da werden manche sagen: Dacht' ich's doch – dieser Moralist!

In diesem Zusammenhang erinnere ich mich an die alte Bernische Taufliturgie. Ich höre noch die sonore Stimme meines Pfarrers damals, mit der er sich an die Eltern wandte, die ihren Nachwuchs in «Zucht und Vermahnung zum Herrn» erziehen sollten. Unser Bild zeigt Mutter Anna bei dieser Tätigkeit. Zwar liegt ein aufklärerischer Schimmer auf der Szene wie bei vielen Darstellungen von Anna und Maria: Die Mutter lehrt das Mädchen lesen. Aber das folgsame Kind blickt auf einen erhobenen Mahnfinger, und Mutters pädagogischer Blick wirkt durchdringend.

Die Szene ist in der Annen-Kapelle der Kathedrale von Apt in der Provence zu besichtigen. Ludwig XIII. war verheiratet mit Anna von Österreich und wartete sehnsüchtig auf einen Thronfolger. Bei einer Militäraktion im Süden wurde er auf das Heiligtum aufmerksam, in dem die Reliquien der Heiligen Anna verehrt wurden. 1623 brachte eine Gesandtschaft aus Apt den kleinen Finger der Heiligen an den Hof mit der Absicht, den Kindersegen zu befördern. Die Wirkung verzögerte sich. Erst nach 15 Jahren wurde der Prinz geboren. Darum liess sich Königin Anna auch Zeit für den Dank.

Nach 22 Jahren endlich unternahm sie eine Wallfahrt und stiftete die Kapelle. Hatte niemand zu mehr Tempo gemahnt?

Die moralische Marmorgruppe amüsierte mich. Ich fand sie ein wenig kitschig. Später erst las ich den Namen ihres Schöpfers: Giovanni Maria Benzoni war ein berühmter italienischer Bildhauer im 19. Jahrhundert.

Das neutestamentliche Wort für ermahnen heisst wörtlich zureden. Es kann auch bitten bedeuten und wird je nach Zusammenhang verschieden übersetzt, aber vorzugsweise mit ermahnen. Im Nachlass des Alttestamentlers Fridolin Stier, der zeitlebens viel über das Geschäft des Übersetzens nachgedacht hatte, fand sich eine Übersetzung des Neuen Testaments von seiner Hand. Er gibt unser Stichwort konsequent mit ermutigen wieder. Seine Version wurde veröffentlicht. Die Deutsche Bibelgesellschaft kommentiert kritisch: Stier bilde den Sprachduktus des Originals nach, sei wörtlich und begriffskonkordant; das bedeutet, dass ein griechisches Wort immer durch das gleiche deutsche wiedergegeben wird. Aber das sei zu streng, Differenzierungen gingen verloren.

In der Apostelgeschichte wird erzählt, dass Paulus ein zweites Mal nach Mazedonien reiste: Als er diese Gegenden durchzogen und die Gemeinden dort mit vielen Worten ermahnt hatte, kam er nach Griechenland. Wir sehen unwillkürlich einen eifernden Missionar vor uns. Da halten wir uns lieber an Fridolin Stier und verstehen: Auf der Reise ermutigte er seine Jünger auf vielerlei Weise. Paulus war ein Seelsorger!

Ich selber höre ungern auf Ermahnungen; ich ziehe es bei weitem vor, ermutigt zu werden.

har

essen /

Theo Frey, Familientisch (1962)

Während es im Topf noch immer dampft, sind die Teller schon halb leer gegessen. Sieben Menschen sitzen dicht gedrängt um einem Tisch. Genussvoll schneidet der einzige Erwachsene, wahrscheinlich der Vater, eine weitere Zutat in seine Speise. Die Kinder stochern konzentriert im Teller, sind miteinander beschäftigt oder schauen aufmerksam in die Kamera. Auffällig sind die drei leeren Teller im Vordergrund. Sie haben die gleiche Form wie derjenige des Vaters. Wahrscheinlich sind auch sie für Erwachsene bestimmt: für diejenigen, die das Essen überhaupt erst zubereitet haben. Wer sie wohl sind? Die Vermutung liegt nahe, dass es sich um Frauen handelt – die Mutter, Grossmutter, eine Magd? Ein Blick in die Geschichte sowie in die weite Welt zeigt: Meist obliegen in einer Familie die Besorgung von Nahrungsmitteln und die Zubereitung der Speisen, ja die Sorge für das leibliche Wohl überhaupt, immer noch den Frauen. In der Zeit, aus der das Bild stammt, war das vermutlich noch selbstverständlicher als heute. Eine grosse Ungleichheit in der Aufteilung der Arbeiten zwischen den Geschlechtern. Jedoch für alle – Mann und Frau, Jung und Alt – gilt dasselbe: Jeder Mensch muss essen. Wer nicht isst, stirbt. Dagegen kann ein Mahl noch so reichhaltig ausfallen, früher oder später wird der Hunger sich wieder melden. Dem Essen kommt aber mehr Bedeutung zu als die der blossen Aufnahme von Nahrung. Wenn Menschen miteinander essen, ist dies weit mehr, als sich Kalorien und Flüssigkeit einzuverleiben. Es spielt eine grosse Rolle, was wir essen und mit wem: Ob wir allein für uns ein Sandwich verschlingen, um den Hunger zu stillen, oder ob wir in Gemeinschaft ein opulentes Essen geniessen. Je nach Gesellschaft kann sogar ein und dieselbe Speise anders schmecken. Auch Animositäten sind beim gemeinsamen Essen besonders gut spürbar. Nicht mit jedem will man den Tisch teilen; nicht jede ist als Tischnachbarin willkommen. Umgekehrt werden beim Essen auch Freundschaften geschlossen, gepflegt und vertieft. Gemeinsames Speisen stärkt freundschaftliche, aber auch familiäre Banden. In manchen Familien ist das Essen der Ort des Zusammenseins und der Auseinandersetzung schlechthin. Mit wem gegessen wird, ist von ganz zentraler Bedeutung – sowohl hinsichtlich der physisch anwesenden Personen als auch bezüglich anderer Formen von Präsenz. In der Zeit der ersten Christusgläubigen war ein Mahl ohne Bezug zu Gott schlicht nicht vorstellbar. So ist es wenig verwunderlich, dass das Essen auch zu einer der zentralsten Handlungen im gottesdienstlichen Handeln wurde. Aus einem sättigenden Gemeinschaftsmahl entwickelte sich nach und nach das Abendmahl, das heute in christlichen Gemeinschaften in der Regel mit Brot und Wein oder Traubensaft gefeiert wird. Alle Christinnen und Christen verbindet bis heute die Gewissheit, dass bei diesem besonderen Mahl die Gemeinschaft untereinander und mit Gott gefeiert wird.

ek

feiern /

Niklaus Stöcklin, Morgenstreich (1925)

Der Basler Grafiker und Künstler Niklaus Stöcklin hat viele seiner Motive in Basel gefunden. Natürlich bot ihm auch die Basler Fasnacht allerhand Inspiration. Das Gemälde zeigt eine Fasnachtsszene. Maskierte Knaben marschieren in Einerkolonne aus dem Imbergässlein heraus und passieren das Restaurant Hasenburg. Vornweg zieht ein Harlekin, dahinter reitet ein Kind mit Zylinder auf einem anderen. Zwei Gestalten tragen eine Laterne, die an einen Schrein oder ein Reliquiar erinnert. Es folgen ein Tambourmajor, ein Trommler und ein Pfeifer, den Abschluss der Gruppe bilden Knaben, die Stablaternen halten. Der kleine Zug erinnert an eine Prozession. Der Platz, den die Figuren überqueren, ist durch ein für den Betrachter nicht sichtbares Licht, vielleicht eine Strassenlaterne links oben, hell beleuchtet. So entsteht die Wirkung einer Bühne, die der Zug überquert. Die Szene wird von einem Paar links im Vordergrund und einer Person am Fenster beobachtet.

Die Darstellung hat etwas Heiter-Fröhliches und zugleich Ernsthaftes, Feierliches, ja beinahe Gespenstisches. Stöcklins Bilder wirken oftmals leicht surreal: Der eigentümliche Lichteinfall, das seltsame Arrangement der Figuren, die widersprüchlichen Stimmungen, die vermittelt werden, irritieren den Betrachter.

Stöcklins Gemälde reflektiert eine Besonderheit der Basler Fasnacht. Menschen tragen Masken, sind verkleidet, trommeln und pfeifen. Die Stadt wird zur grossen Bühne einer immer gleichen, immer neuen Inszenierung. Die Verkleidungen sind fröhlich, aber das Treiben hat dennoch einen ernsten, feierlichen Charakter. Das Maskenspiel ist nicht wild und zufällig, sondern kennt eine feste, fast militärische Ordnung. Sie gibt genau vor, wo freie Improvisation erlaubt wird und wo strikte Befolgung des fasnächtlichen Brauchtums gefordert ist. Diese Mischung aus Heiterkeit und Strenge wirkt für Aussenstehende oft irritierend, ja surreal. Gewiefte Fasnächtler lieben das Spiel im Spannungsfeld von ironischem Witz und heiligem Ernst, von teilweise aggressiver Strenge und kindlichem Spiel, von sprühender Kreativität und beinahe zwanghaftem Traditionalismus. Wer das Kostüm überzieht und die «Larve» aufsetzt, wird zu einem anderen, und kommt so in gewisser Weise zu sich selbst; er wählt die Verwandlung zum Alter Ego und unterwirft sich für drei Tage seinen Regeln.

Die Feier eines Gottesdienstes ähnelt der Basler Fasnacht. Aussenstehende mag das gottesdienstliche Treiben irritieren: Menschen, die werktags ein normales, bürgerliches Leben führen, hören sich am Sonntagmorgen lange Auslegungen uralter Schriften an, singen laut barocke Choräle, rezitieren andächtig altkirchliche Formeln, vollführen versunken in tiefen Ernst symbolische Gesten und fühlen sich davon berührt und bewegt, sodass sie am kommenden Sonntag dasselbe in ganz ähnlicher Weise wieder tun werden. Sie inszenieren einen antiken Kult, verkleiden ihren Alltag für die Dauer einer Stunde mit den phantastischen Bildwelten mythologischer Texte; eine regelrechte Maskerade. Sie bauen in ihrem Spiel Spannungsfelder auf und tummeln sich in diesen: Sie feiern die Präsenz ihres Gottes im Wissen um seine Absenz. Sie nennen sich Geschwister, obwohl sie es nicht sind. Sie glauben in alldem andere zu werden und so sich selbst zu sein. Die Strenge hat für sie etwas Leidenschaftliches, der Ernst etwas Frohes, das dürre Wort etwas Reiches, Sinnliches. Der Gottesdienst ist surreal, weil die Realitäten des Alltags durch die Inszenierung anderer Wirklichkeiten unterlaufen und untergraben werden.

lm

fragen /

David Portmann, Untitled (2012)

Was ist das bloss? Was sehe ich da? Woher kommt das Licht, woher die Farbe? Was befindet sich ganz hinten, ganz unten, am Ende? Ein rätselhaftes Bild ist das. Ich kann nicht sagen, was es darstellt. Es muss offen bleiben, in der Schwebe. Ich kann bloss vermuten – und weiter fragen.

Natürlich gibt es Rätsel, die gelöst werden können, und Fragen, die sich beantworten lassen. Bei anderen Fragen ist das allerdings nicht so einfach, sie sträuben sich, wie sehr wir uns auch um Antworten bemühen. Ganz besonders gilt dies für die Frage nach Gott. Antworten können hier bloss Versuche sein, Möglichkeiten – aber keine wird dem Geheimnis Gottes gerecht. Wer Gott auf den Punkt bringen und dingfest machen will, hat ihn schon verpasst, hat seine Grösse, seine Schönheit, hat ihre Tiefe, ihre Weite verfehlt. Mit der Frage nach Gott werden wir nie fertig. Wer schnelle Antworten hat und klare Antworten verspricht, grenzt aus und legt fest, was doch offen gehalten werden muss. Wir können bloss vermuten – und weiter fragen.

Das ist nicht immer einfach auszuhalten. Es kann uns verunsichern, es wirft uns auf uns selbst zurück, es stellt uns in Frage. Und doch ist das Fragen die richtige Haltung, wenn wir uns Gott nähern wollen. Das Fragen ist richtig und auch das Zweifeln, ob diese Antwort oder jene wirklich die richtige ist, ob Gott nicht vielleicht ganz anders ist, ob er überhaupt ist oder nicht eher wird, ob er in uns ist oder ausser uns, unbewegt oder bewegt, eine Einbildung oder ein Geschenk, etwas oder nichts, allmächtig oder selbst gefährdet, eine Kraft oder ein Mitmensch in Nöten, eine mathematische Formel oder ein erhabenes Gefühl, die Erfahrung der Liebe oder jene der Geborgenheit – und ob nicht jeder Name, jede Anrede, jede Sprache, in der wir von Gott reden, falsch ist, menschlich, begrenzt und nicht in der Lage, das Geheimnis zu benennen.

Auch mit dem, was wir erleben und beobachten, ist es ähnlich: Fragen über Fragen. Warum nur geschieht dies und das, Schreckliches und

Leidvolles, warum verletzen wir, ohne es zu wollen, warum handeln wir gegen unsere bessere Einsicht? Antworten sind willkommen, natürlich sind sie das. Aber wichtiger ist es, die Fragen zu stellen oder eher: sich den Fragen zu stellen, immer wieder, unbeirrt, unbequem. Wo Antworten etwas abschliessen und festlegen, ermöglichen Fragen das gemeinsame Gespräch und die Suche, sie erlauben es, für sicher gehaltene Wahrheiten zu überprüfen und alte Antworten in Frage zu stellen. Wer fragt, ist offen.

Wer fragt, ist im Gespräch, auch im Gespräch mit Gott: Warum hast du mich verlassen, wieso leiden so viele, wie lange soll das noch gehen, wo bist du, wo bleibst du, Gott?

ap

fürchten /

Nike von Samothrake (um 190 v. Chr.)

Die «Nike von Samothrake» ist ein Glanzstück im Louvre. Einst stand die überlebensgrosse Figur im uralten Heiligtum auf Samothrake, einer Insel in der nördlichen Ägäis. Nike – ihr Name bedeutet Sieg. Mit dem Marmorbild wird der Sieg gefeiert, den die mit Rom verbündete Kriegsflotte von Rhodos gegen Antiochos III. errungen hatte. Der seleukidische Herrscher im Nahen Osten hatte versucht, Griechenland anzugliedern. Das Siegesmal muss im Jahr 190 v. Chr. aus rhodischem Marmor, der eigens herangeschafft wurde, gehauen worden sein. Französische Archäologen fanden die Trümmer, mehr als hundert Teilstücke; in Paris wurde das hellenistische Meisterwerk rekonstruiert.

Die Nike sieht aus wie ein Engel aus der Renaissance oder der Barockzeit. Die ältesten christlichen Engelsdarstellungen zeigen flügellose junge Männer, mit oder ohne Bart. Man nimmt an, die Flügel der späteren Engelsdarstellungen seien von der antiken Nike übernommen worden. Die Engel waren in eine Tunika gekleidet, später in ein byzantinisches Hofgewand und seit dem frühen Mittelalter mit dem Kleid eines Diakons oder eines Priesters ausgestattet. Im 15. Jahrhundert missdeutete man diese Gewandung, sodass italienische Künstler als Erste mädchenhafte Engel schufen.

Das Wort Engel ist ein Lehnwort, es kommt über das lateinische *angelus* vom griechischen *angelos*: Das bedeutet Bote. Wenn in den beiden Testamenten himmlische Boten auftauchen, sagen sie: «Fürchte dich nicht!» Wir finden den Satz zum ersten Mal in der Bibel in der Geschichte von Hagar und Ismael. Die verzweifelte Mutter hat kein Wasser mehr für ihr Kind und setzt sich weinend abseits. Der Bote ruft: «Fürchte dich nicht!» und öffnet ihr die Augen, da erblickt sie eine Quelle. Den gleichen Ruf hört Gideon, der, als ihm aufging, wer ihn zum Befreier Israels machen wollte, von Furcht gepackt wurde. In der Weihnachtsgeschichte rufen es die Engel den

Hirten zu und am Ostermorgen den Frauen. Die Furcht ist nicht verfehlt, sie ist angemessen, aber sie vergeht. Von den Frauen an Ostern heisst es bei Matthäus: «Sie gingen eilends weg vom Grab voller Furcht und mit grosser Freude» (Matthäus 28,8a).

Wir haben die Gottesfurcht weitgehend verloren. Wahrscheinlich haben früher ganze Generationen zu viel Gottesfurcht abverlangt bekommen. Sie diente der Disziplinierung. Aber jetzt ist eine andere Zeit.

Es ist angemessen, vor Gott Scheu und Ehrfurcht zu empfinden. Es ist angemessen, von der Gabe des Lebens, von der Würde alles Lebendigen

mit Scheu und Zurückhaltung zu sprechen, mit Verehrung, sich selbst zurücknehmend. Mit Furcht und Freude: So könnten wir unsere Haltung beschreiben. Oder eben im Übergang vom einen zum andern. Als nähme uns ein Engel die Furcht. Und wir wissen dabei, dass wir den Übergang nicht in Eigenregie schaffen.

Die Kunst des Bildhauers, der die Nike aus dem Marmor schlug, zeigt sich daran, wie er den Marmor, die Steinmasse, in Bewegung bringt.

har

gebären /
geboren werden /

Marc Chagall, Die Geburt (1909/10)

Geboren wurden wir alle: das Baby auf dem Bild, seine Mutter, der Vater unterm Bett und die Hereindrängenden, auf die das Licht fällt. Auch das Kalb und die beiden Personen, die zum Fenster hereinsehen, und wir, die wir das Bild ansehen. Voller Leben ist es, die Farben sind warm, das Baby leuchtet wie die Lampe und Menschen drängen zu dem roten Himmelbett, dem Raum im Raum. Den Gesichtern der beiden Frauen ist die Anstrengung anzusehen; auch das Blut und der Schleim werden nicht ausgeblendet, nicht die Hilflosigkeit des Säuglings, von dem man fürchtet, er könnte der Hebamme jeden Moment aus der Hand rutschen. Das wird nicht geschehen. Es wird ja erwartet, das Kind, freudig begrüsst. Und es wird gewickelt, genährt und getragen werden.

So kommen wir zur Welt: der Sorge der anderen bedürftig. Das ist gut so, denn wir kommen ja in eine Welt, die uns zunächst alles gibt, was wir brauchen. Andere freuen sich über die Ankunft.

Sie drängen herein und können es kaum mehr erwarten, den Neuling zu begrüssen. Der Versuch, sie zurückzuhalten oder wenigstens zur Ruhe zu mahnen, nützt nichts. Sie kommen, wollen sehen, dass das Wunder wieder geschehen ist: Ein Kind ist geboren. Ein Neuling ist da, der Neues tun wird, eine Person, die die Welt verändern und bereichern wird, weil so eine seither noch nicht da war. Das ist etwas Grosses, mehr Menschen als nur die kleine Familie nehmen daran teil. Daher auch die Freude, der «Gwunder», darum das Licht.

Wie an Weihnachten. Die Freude, der «Gwunder», das Licht sind geblieben. Die Geburt und das Kind stehen nicht mehr ganz so im Vordergrund. Das ist auch kein Wunder. Die Philosophen und Theologen haben die Geburt zu einem geistigen Ereignis geredet, peinlich davon berührt, dass sie auch einmal so angefangen haben, so hilflos. Gekränkt, dass sie andere brauchen, die vom eigenen Anfang erzählen, weil sie sich selbst nicht erinnern können. So wurde das uranfängliche und

81

ewige Wort, das zur Welt kommt, immer interessanter; das Blut und die Anstrengung verschwanden, die Mutter wurde immer körperloser, der angekündigte Neuling war schon in der Krippe wundertätig. Und die meisten Theologen und Philosophen dachten lieber über das Ende nach als über den Anfang. Trotzdem kommt Weihnachten immer wieder, jedes Jahr, und damit die Freude, der «Gwunder», das Licht.

So hat sich im christlichen Jahreskreis die Erinnerung an die Geburt durchgesetzt. Weihnachten wird inzwischen in der ganzen Welt gefeiert, meistens als ein Geschenk- und Lichterfest, weit weg vom ursprünglichen Geburtsfest. Aber das macht nichts. Auch eine verdrehte Erinnerung bewahrt etwas, das wieder entdeckt werden kann.

Mit dem Kind, das an Weihnachten geboren wurde wie wir alle, sei Gott zur Welt gekommen, sagt die christliche Glaubenslehre. Wer darüber sehr viel nachdenkt, kommt irgendwann an die Grenzen seines Verstands und formuliert Texte, die nichts mehr erklären, sondern nur noch dazu dienen, das Geheimnis der menschgewordenen Gottheit zu wahren. Das taten die Christen der ersten Jahrhunderte. Eine andere, heute vielleicht näherliegende Möglichkeit ist es, den erwachsenen Menschen Jesus als einen Geborenen zu betrachten. Als einen, der das Neue, das er zur Welt bringt, lebt. Jesus, der Mann, hat immer wieder ganz neu reagiert, überraschend, lebensfreundlich und situationsgemäss. Damit hat er die Leute erstaunt, manche verwirrt und viele begeistert.

Nativ, geburtlich, nennen das die Philosophinnen und Theologinnen, die seit einiger Zeit über das Geborensein nachdenken; es gibt kein gängiges deutsches Wort dafür. Dieses neue Nachdenken lohnt sich, denn wer vom Geborensein her denkt, dem geht die Welt neu auf, für den ist alles möglich, sogar das ganz überraschend Gute. Die Freude, der «Gwunder», das Licht leuchten dann immer wieder auf.

dd

82

geniessen /

Charles-Joseph Natoire, Bacchus und Ariadne (1742)

Mit dem Genuss und den Sinneslüsten hat sich die christliche Tradition nicht eben leicht getan. Bacchus (gr. Dionysos), der Gott des Weines und Rausches, findet seinen Ort daher in der griechischen Mythologie, nicht in der christlichen.

Die Darstellung von Charles-Joseph Natoire zeigt Bacchus bei seiner Vermählung mit Ariadne auf der Insel Naxos. Der Zauber der Liebe, die Schönheit nackter Körper, das Spiel der Musik, die Süsse von Früchten und Wein bestimmen die Szene. Das Bild ist überaus bewegt, scheint eine Momentaufnahme eines vergnügt-frivolen Reigens zu sein. Menschen umwerben einander, locken einander durch Verhüllung und Enthüllung, geben einander die Ehre, indem sie den anderen bekränzen; sie haben teilweise die Züge von Fabelwesen. Die Natur um sie ist Teil des fröhlichen Treibens – oder das fröhliche Treiben Teil der Natur. Bacchus und Ariadne blicken einander verliebt und lustvoll in die Augen. Sie liegen sich zärtlich in den Armen. Das Treiben des Liebespaares scheint hier so selbstverständlich, so natürlich, dass das Kind im Vordergrund dabei ruhig schlafen kann.

Im Hintergrund huldigen zwei Gestalten dem Standbild einer bacchantischen Figur, das in den Blättern des im Zentrum stehenden Baumes regelrecht aufgeht. Der Baum und das Standbild sollen wohl an Darstellungen des Baumes und der Schlange im Paradiesgarten erinnern. Es wird so eine Parallelität zwischen Bacchus und Ariadne und dem biblischen Paar, Adam und Eva, erzeugt. Die Schlange bzw. das Standbild der bacchantischen Figur wirkt in Natoires Gemälde aber nicht bedrohlich und störend, sondern scheint heiter ins fröhliche Spiel integriert zu werden. Der Baum in Natoires Bild trägt keine verbotenen Früchte.

Wie sollen die genussvolle Tradition der bacchantischen Mythologie und die biblische Geschichte zusammengehen? Tatsächlich sind die alttestamentlichen Texte nicht so genussfeindlich, wie man meinen könnte: Adam und Eva befinden sich gemäss göttlichem Willen – so erzählt es die biblische Geschichte – im Paradies, in einer wahren Oase des Glücks. Sie seien dort nackt gewesen und hätten sich nicht geschämt. Wir dürfen annehmen, dass sich diese «paradiesische Schamlosigkeit» auch auf ihre Liebe erstreckt hat, dass das biblische Urpaar mit seiner Leidenschaft ganz selbstverständlich und ungehemmt umgegangen ist. Sich dies anders vorzustellen, bedarf schon beachtlicher sittlicher Denkanstrengungen und moralischer Gemütsdisziplinierung. Die Leidenschaftlichkeit des Paars ist jedoch nicht der Grund ihrer Verstossung aus dem Paradies. Sinnenzauber und Lustbarkeiten sind im Gegenteil der genuine Ausdruck des alttestamentlichen Paradieses, seiner Düfte, seiner Früchte und Tiere, seiner Üppigkeit und seines Liebreizes. Adam und Eva verlieren in der biblischen Erzählung ihr Paradies nicht, weil sie es geniessen, sondern weil sie sich für anderes, scheinbar Höheres zu interessieren beginnen.

Natoire schafft in seinem Gemälde «Bacchus und Ariadne» eine Nähe zur paradiesischen Szene. Er unterstreicht dadurch nicht zuletzt die Erotik der christlich-jüdischen Grunderzählung vom Paradies. Sein Gemälde illustriert die alttestamentliche Beschreibung des Paradieses vermutlich besser, als die vielen arg prüden Adams und Evas, welche die Kunstgeschichte hervorgebracht hat. Denn das biblische Paradies ist eben kein Schrebergarten, sondern ein Lustgarten.

lm

glauben /

Fernand Léger, Les deux cyclistes, la mère et l'enfant (1951)

Die beiden Radfahrer von Fernand Léger, eine Frau und ihr Junge, gehören zu den Glanzpunkten in der Fondation Beyeler in Riehen bei Basel: so viel Einfachheit und Würde. Solid und direkt wenden sie sich dem Beschauer zu, aber gleich werden sie sich auf das Fahrrad setzen und zusammen davonrollen. Die Farbstücke blieben allein zurück, auch schön, aber ohne die schwarzen Konturen ein wenig spannungslos. Der Maler baut das Bild wie ein Architekt. Es wirkt stark und beruhigend. Kritisch könnte man einwenden: ein bisschen simpel, lobend könnte einer sagen: klassisch.

Als Paris von den Deutschen besetzt wurde, emigrierte Léger nach New York. Dort beobachtete er einmal begeistert, wie Projektoren auf der Strasse Passanten in farbiges Licht tauchten. Von da an verwendete er in seinen Bildern intensive Farbflächen, die er unabhängig vom Dargestellten auf das Bild verteilte.

Léger glaubte an eine gute Zukunft und an die Kraft der einfachen Leute. Er war ein Optimist, das strahlen seine Bilder auch aus. Er gehörte der französischen Kommunistischen Partei an; er malte Arbeiter auf dem Bau oder Maschinen oder diese Arbeiterin auf dem Sonntagsausflug. Das sind Themen, die in der bildenden Kunst sonst wenig auftauchen. Fabrikwelt und Kunstwelt sind getrennt. Im Industriezeitalter wurde die Arbeitsteilung vorangetrieben. Das erhöhte die Produktivität und vereinseitigte die Arbeit. Marx und Engels entwarfen eine Utopie, in der die Aufteilung überwunden wäre:

«Sowie nämlich die Arbeit verteilt zu werden anfängt, hat Jeder einen bestimmten ausschliesslichen Kreis der Tätigkeit, der ihm aufgedrängt wird, aus dem er nicht heraus kann; er ist Jäger, Fischer oder Hirt oder kritischer Kritiker und muss es bleiben, wenn er nicht die Mittel zum Leben verlieren will – während in der kommunistischen Gesellschaft, wo Jeder nicht einen ausschliesslichen Kreis der Tätigkeit hat [...], die Gesellschaft die allgemeine Produktion regelt und mir eben dadurch möglich macht, heute dies, morgen jenes zu tun, morgens zu jagen, nachmittags zu fischen, abends Viehzucht zu treiben, nach dem Essen zu kritisieren, wie ich gerade Lust habe, ohne je Jäger, Fischer, Hirt oder Kritiker zu werden.»

Léger vergegenwärtigt etwas von dieser neuen Welt in seinen Bildern. Politisch hat er sich geirrt. Seine Utopie, die Zuversicht und der Glaube, die in seine Bilder einfliessen, bleiben nobel und inspirierend. Glauben ist das zentrale Stichwort für unser Christentum, ganz besonders in seiner protestantischen Version. Die Parole der Reformation «Der Glaube allein!» sollte etwas öffnen und erleichtern. In heutigen Gesprächen über Bibelgeschichten und Bibelsätze fällt schmerzhaft auf, wie rasch die Beteiligten sich fragen, ob sie den Glaubensanforderungen genügen könnten. Sie spüren ein drohendes Versagen. Es ist, als ob der parolenhafte Sprachgebrauch die Befreiung in eine anstrengende Kopfaufgabe verwandelt hätte.

Auf der Internet-Seite der Evangelisch-reformierten Kirche Basel-Stadt steht mit einer gewissen Keckheit: «Ich glaube nicht, weil ich glaube. Ich glaube, weil ich weiss.» Das steht unter der Überschrift «credo, ich glaube!». Es ist der Versuch, dieser Glauben-sollen-Falle zu entgehen.

Die Reformatoren beriefen sich auf Paulus. Er verwendet das Wort glauben ausgiebig. Ebenso spricht er aber auch vom Wissen, zum Beispiel: «Wir wissen aber, dass denen, die Gott lieben, alles zum Guten dient» (Röm 8,28). Ein Wissen, eine innere Festigkeit, die man in Légers Kunst auf andere Weise ebenso zu spüren meint.

har

hören /

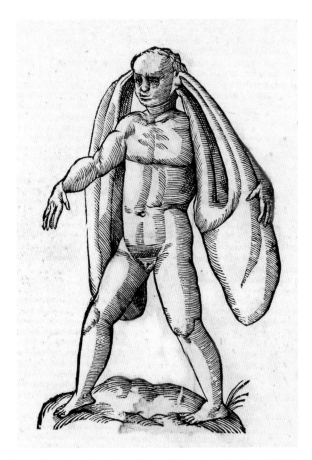

Jean-Baptiste Coriolan, Homo Fanesius Auritus (1642)

Dieser Mensch hat grosse Ohren. Ob es einen solchen Menschen überhaupt gibt, ist vielleicht nicht ganz klar. Jedenfalls sind die Ohren wirklich sehr gross. Ich bin ganz Ohr, sagen wir, wenn wir jemandem mit ganzer Aufmerksamkeit zuhören. Dieses Wesen ist ganz Ohr. Und es heisst auch so: Es ist ein Panotier, ein «Ganz-Ohr». Antike Autoren und ihre Nachfolger bis in die frühe Neuzeit berichten von diesen Wesen. Plinius etwa teilt in seiner Naturgeschichte mit, dass die Panotier oder Phanesier Ohren von solcher Grösse haben, dass sie den ganzen Körper damit bedecken können; einige sagen auch, dass sie sich zum Schlafen in ihre Ohren einwickeln. Wo die Panotier leben, ist nicht ganz klar: Einmal ist von den Bergen Indiens die Rede, dann von einer Insel im Norden von Skythien. Andere glauben zu wissen, dass sie in Sizilien, auf den Molukken oder in Kalifornien zu Hause sind.

Was die Panotier mit ihren grossen Ohren wohl alles hören? Hören sie auch weit entfernte Stimmen, hören sie das Gras wachsen? Wer weiss das schon? Aber auch mit unseren verhältnismässig bescheidenen Ohren können wir hören. Wer die Ohren offen hat, hört Geräusche, Klänge und Stimmen, hört Strassenlärm und Musik, Wasserrauschen, Vogelstimmen und Kinderlachen, bellende Hunde und singende Nonnen, dozierende Professoren und deklamierende Schauspielerinnen, hört Radio und Fluglärm, Flüstern und Weinen, hört den Wind, das Ticken der Uhr und tausend andere Dinge. Nicht alles davon ist erfreulich, einiges würden wir lieber ausblenden: zu viel Hintergrundmusik etwa oder Baulärm am frühen Morgen. Und doch sind wir auf offene Ohren angewiesen, wenn wir an der Welt teilhaben wollen. Das Ohr erschliesst uns die Welt. In einem schallisolierten Raum wäre das Leben erbärmlich.

Vieles von dem, was wir hören, ist gar nicht speziell für uns gemeint. Dem Donner und dem tropfenden Wasserhahn ist es egal, ob wir sie hören oder nicht. Anderes aber ist direkt an uns gerichtet: Da ist ein Gegenüber, das mir etwas sagt, da ist jemand, dem wir zuhören sollen. Schon klar, auch da gibt es allerhand Belangloses, das wir lieber nicht hören würden. Und doch sind es sinnliche Wahrnehmungen wie das Hören, die Beziehungen möglich machen: Wir hören jemandem zu und bedenken, was wir hören, wir reagieren darauf, wir antworten, wir stimmen zu oder widersprechen. Aus dem Zuhören entsteht das Gespräch, der Dialog, aus ihm entsteht die Verständigung oder die Konfrontation. Wenn wir jemandem unser Ohr leihen, anstatt die Ohren zu verschliessen, beginnen wir, unser Gegenüber wahrzunehmen, mit seinen Nöten und Überzeugungen, mit seinen Erfahrungen, Fragen und seinem Reichtum. So entstehen Beziehungen.

Dass dies geschieht – dass wir zuhören, dass Beziehungen entstehen – das ist gut so, das soll so sein. Als Christenmenschen gehen wir davon aus, dass der Mensch nicht aus sich selbst heraus lebt, sondern aufgrund von Beziehungen, aufgrund eines Austausches mit anderen, aufgrund von Zuwendung und Zuneigung. Wir dürfen uns bereichern lassen, wir dürfen uns in Frage stellen und inspirieren lassen. Und dazu müssen wir ganz Ohr sein, wir müssen hören: auf andere Menschen, auf die Tradition gewordenen Erfahrungen früherer Generationen, auf Gott. «Wer Ohren hat, der höre!» (Matthäus 13,9)

Panotier gibt es übrigens auch im christlichen Kontext. Im Tympanon der Kathedrale von Vézelay findet sich die Skulptur einer Panotier-Familie: Mutter, Vater und Kind. Die Ohren sind hier etwas kleiner, sie sehen aus wie abstehende Flügel oder Fächer, die am Kopf angewachsen sind. Diese Figuren sind zusammen mit anderen Fabelwesen Teil einer grossen Darstellung des Pfingstereignisses. Sie zeigen, dass Gottes Zuwendung alle umfasst, auch jene am Rand der bekannten Welt; sie zeigen, dass noch am äussersten Ende der Welt Gottes Wort gehört werden kann.

ap

imaginieren /

Edward Hicks, Peaceable Kingdom (1834)

Alle haben sich versammelt. Sie stehen nahe beieinander, wie für ein Gruppenbild: Kühe und Schafe, ein Wolf, ein Tiger, ein Bär, ein Löwe, kleine Kinder. Keiner tut dem anderen etwas, im Gegenteil, sie scheinen entspannt zu sein und vertraut miteinander. Alles ist friedlich, obwohl doch wehrlose und verletzliche Kreaturen eng neben Raubtieren stehen.

Etwas erstaunlich ist das ja schon, denn normalerweise können wir das alles nicht beobachten. Da sehen wir eher das grosse Fressen und Gefressenwerden oder auch, falls wir in den Zoo gehen, hohe Absperrungen zwischen den einzelnen Gehegen. Das hier, das ist nicht nach der Natur gemalt, nicht eins zu eins; es ist keine Abbildung der Realität. Das muss sich jemand schon vorstellen, er muss es vor seinem inneren Auge sehen, bevor er es malen kann. Er muss es imaginieren. Oder er muss jemanden kennen, der sich das früher schon vorgestellt und ausgemalt hat. Genauso ist es in diesem Fall: Der Maler des Bildes, der amerikanische Quäker Edward Hicks, griff auf eine ältere Imagination zurück, auf eine Passage im Buch des Propheten Jesaja, in dem dieser das messianische Friedensreich mit Hilfe des später so genannten Tierfriedens beschreibt:

«Und der Wolf wird beim Lamm weilen, und die Raubkatze wird beim Zicklein liegen. Und Kalb, junger Löwe und Mastvieh sind beieinander, und ein junger Knabe leitet sie. Und Kuh und Bärin werden weiden, und ihre Jungen werden beieinander liegen, und der Löwe wird Stroh fressen wie das Rind. Und der Säugling wird sich vergnügen an der Höhle der Viper, und zur Höhle der Otter streckt ein Kleinkind die Hand aus.» (Jesaja 11,6–8)

Gegen alle Erfahrung der realen Zustände, gegen erdrückende Beweise also, hat hier jemand ein anderes Bild des Zusammenlebens imaginiert: ein grossartiges Bild des Friedens. Ein Bild zudem, das darauf angelegt ist, noch weiter gedacht zu werden: Wie wäre es, wenn auch unter

Menschen nicht mehr der eine des anderen Wolf wäre? Wenn sich die Räuberischen nicht mehr auf die Wehrlosen stürzten? Wenn ein friedlicher Ausgleich gesucht würde?

Diesen Faden nahm Hicks auf. Im Hintergrund hat er eine Gruppe von Menschen gemalt, ganz klein. Es sind indigene Amerikaner und europäische Siedler um William Penn, die 1682 im Dorf Shackamaxon den «Great Treaty» abgeschlossen haben, einen Vertrag über die Nutzung des Landes, der für siebzig Jahre ein friedliches Zusammenleben ermöglichte. Wer sich nichts anderes vorstellen kann als Raub und Gewalt, wird auch nichts anderes zustande bringen. William Penn, der gewaltlose Quäker, konnte sich etwas anderes vorstellen. Er kannte seinen Jesaja.

Religionen sind gut im Imaginieren. Mit der Literatur und mit der Kunst teilen sie einen Sinn für das Schlummernde, das Utopische und das Mögliche, die Bereitschaft, das Undenkbare zu denken und zu fragen: Wie wäre es, wenn …? Sie teilen das, was Robert Musil den Möglichkeitssinn nannte: «So liesse sich der Möglichkeitssinn geradezu als die Fähigkeit definieren, alles, was ebensogut sein könnte, zu denken und das, was ist, nicht wichtiger zu nehmen als das, was nicht ist.»

ap

klären /

Jean Dubuffet, Le voyageur égaré (1950)

Der erste Beleg für klären im Grimm'schen Wörterbuch stammt von Konrad von Megenberg und lautet: «er [der smaragd] sterkt daz gesiht und klaert diu augen» (im «Buch der Natur», Mitte des 14. Jahrhunderts). Schon Megenberg gebraucht den Ausdruck auch bildlich.

Das Wort klären gehört nicht ins religiöse Vokabular. Ich möchte es versuchsweise einführen: Es könnte dazu dienen, den fleissig behaupteten Gegensatz zwischen Religion und Aufklärung zu umgehen. Sind die Gleichnisse Jesu nicht dazu erzählt, die Wirkweise des Gottesreiches zu klären? Im Gleichnis von der Weinlese wird erzählt, dass alle Angeheuerten den gleichen Lohn bekommen; die einen arbeiten den langen Tag und müssen die Mittagshitze ertragen, andere kommen später dazu, einige arbeiten bloss noch eine Stunde. Darum ärgern sich diejenigen, die schon am frühen Morgen da waren. Der Ärger wird zum Thema gemacht: Alle sind auf ihren Lebensunterhalt angewiesen, darum werden alle gleich entschädigt, denn alle sind gleich vor Gott.

In der Fondation Beyeler in Riehen setzen unter den prächtigen Bildern der klassischen französischen Moderne Jean Dubuffets Arbeiten einen andern Akzent. Es ist *art brut*, rohe Kunst eben – obwohl Dubuffet damit eigentlich nicht seine eigenen Bilder meinte, sondern Kinderzeichnungen, Kunst von Psychiatriepatienten und Graffiti an Hausmauern.

Die Lage des «voyageur égaré» auf dem Bild ist buchstäblich ungeklärt. Er sieht zwar nicht unzufrieden aus, aber die Stellung seiner Arme deutet Verlegenheit an: Er weiss nicht, wohin er sich wenden soll. Der Horizont ist verstellt. Die Sonne geht unter. Weder die Frau am Fenster noch das Pferd, das sich von rechts nähert, bringen Hilfe. Das Ineinander von Wegen und Trampelpfaden ist nicht zu entwirren, ein Ausweg tut sich nicht auf – égaré: verlaufen, verstört. Das Bild wurde 1950 gemalt: Man denkt beim

Betrachten an das Paris der Nachkriegszeit, an einen resignierten Existentialismus, ein Bild der Verzagtheit.

Zum hundertsten Geburtstag Dubuffets fand im Centre Pompidou eine Gedenkausstellung statt. Der erste Beitrag des Ausstellungskatalogs vertritt die These, Dubuffet sei ein Realist, ja der eigentliche Realist vor allen andern. «Realist zu sein heisst, sich von der Realität, der gesamten, überschwemmen zu lassen, ohne zu scheiden und ohne zu wählen zwischen subjektiv oder objektiv. Man muss ins Herz der Dinge eindringen und sich nicht darauf beschränken, sie durchs Fenster zu betrachten, als wären wir Richter oder Zeugen oder neugierige Indiskrete.» Nein, der wahre Realist biete sich schutzlos und ohne Abstand den Verhältnissen dar.

Von der Gotteskraft zu reden (mit Gleichnissen und andern biblischen Geschichten) verlangt, sich der Welt schutzlos zu stellen; Christentum darf nicht heissen, sich ins Höhere zu verabschie-den. So viel christlicher Realismus muss sein, dass wir uns nicht aus dem Gewirr und dem Dreck weg-stehlen und wegdenken. Die Religionskritik jeder Herkunft hat behauptet, nicht immer ohne Grund, das Christentum verleugne die Wirklichkeit. Doch es muss, gegen einen rosaroten Optimismus und gegen drängendes Effizienzdenken, den zerwühl-ten Boden mit Dubuffets Reisendem teilen; dort ist sein Ort. Wir müssen sehen, was ist, und ausspre-chen, was ist. Jesus erzählt in seinem Gleichnis von der Eifersucht, die spaltend wirkt. Die vom Aussatz Befallenen berührt er. Mit den Sündern isst er. Er sagt: Richtet nicht.

Klären heisst: «der smaragd sterkt daz gesiht und klaert diu augen» – hier, um die Nachtseite zu sehen. Dubuffets Bild und Jesu Gleichnis ha-ben miteinander nichts zu tun, aber brüderlich zum «voyageur égaré», zum irrenden Menschen, verhalten sich beide – Dubuffet und Jesus.

har

lesen /

Virgin reading while Joseph rocks the Babe (15. Jh.)

Maria als Lesende? Nie hätte ich mir Maria als Lesende vorzustellen gewagt. Die Illustration aus einer Handschrift des 15. Jahrhunderts «Virgin reading while Joseph rocks the Babe» zeigt die heilige Familie kurz nach der Geburt Jesu. Maria liegt wohl noch im Wochenbett, eingehüllt in eine prächtige Decke inmitten eines idyllischen Landstrichs in einer Art Strandkorb mit gepunktetem Baldachin. Ihr zu Füssen sitzt ein etwas älterer Josef im blauen Gewand und mit weichen und bequem aussehenden Lederstiefeln, das Kind auf dem Arm. Es ist fest in Stoff gewickelt, wie es auch heute noch teilweise in Russland üblich ist, und zupft ein wenig an Josefs Bart. Ochs und Esel schauen zu. Die Tiere befinden sich auf einer durch einen geflochtenen Zaun begrenzten Weide. Einzig des Esels Sattel beunruhigt die Zuschauerin ein wenig, wissen wir doch alle um die bevorstehende Flucht der heiligen Familie. Noch muss die Familie, die ausser einer Decke und dem Buch keine Besitztümer

zu haben scheint, nicht fliehen von diesem friedlichen Ort. Was Maria wohl liest? Mit Maria über Bücher reden?

Bilder einer Familie kurz nach einer Geburt haben etwas Bedeutendes, auch wenn es nur wacklige Schnappschüsse sind. Sie zeugen von etwas Neuem. Zugleich sind es Bilder aus sehr intimen Lebensmomenten. Doch würde jemand eine junge Familie fotografieren, wenn die Mutter sich überhaupt nicht für das Kind zu interessieren scheint, sondern versunken in einem Buch liest? Wenn die Mutter eine Studentin kurz vor der Masterprüfung wäre, würde dem Buch vielleicht so viel Bedeutung beigemessen werden, dass es in dieser speziellen, nachgeburtlichen Situation einen Platz bekommen darf. Maria stand nicht vor dem Masterabschluss. Aber Lesen und Schreiben, der Umgang mit Worten hat in unserer Buchreligion einen grossen Stellenwert. In der Hebräischen Bibel durfte kein Buchstabe verändert werden. Auf offensichtlich falsch gesetzte Buchstaben oder Wörter wurde mit Lesevorschlägen am Rand des Textes hingewiesen. Der Text aber war heilig bis auf den letzten Buchstaben. Diese Hochachtung des Buchs, des Textes war auch im späten Mittelalter ein Thema. Nur eine Minderheit konnte lesen. Es gab wenige Bücher und jedes Einzelne war in liebevoller und mühsamer Geduldsarbeit abgeschrieben worden. In diesen Büchern war die Welt versteckt, vorab die religiöse. Zwischen den Buchdeckeln wurde von Offenbarungen erzählt und darüber diskutiert. Zwischen den Buchdeckeln standen die unglaublichsten Geschichten, die Menschen mit ihrem Gott erlebt hatten. Zwischen den Buchdeckeln wurde darüber diskutiert, ob Gott aus der Natur ableitbar sei. Zwischen den Buchdeckeln fanden sich Beschreibungen mystischer Schauungen. Ohne die Schrift hätte die Geschichte von Jesu Geburt nicht den Weg ins späte Mittelalter gefunden, wären Maria und Josef gewissermassen auf der Strecke geblieben mitsamt Ochs und Esel.

Lesend setze ich mich gern mit den religiösen Vorstellungen anderer Zeiten und Menschen auseinander. Buchstaben geben mir Raum, einen eigenen Raum zu wahren. Lesend kommen mir Glaube und Religion oft näher, als wenn ich von Glaubenserweckungen höre. Ich gehöre gern einer Buchreligion an. Ich kann über das Gelesene schreiben, diskutieren, sinnieren, reden und immer wieder zurückkommen auf Buchstaben, die sich weniger schnell verrücken lassen als kurzlebige Meinungen und Ideen, die sich im Zusammenhang mit diesen alten Buchstaben immer wieder bilden.

Dass Maria als Lesende dargestellt wird, freut mich: Es zeigt, dass Frauen immer wichtig waren in der Reflexionsgeschichte unseres Glaubens.

ak

leuchten /

Gilles San Martin, Haselnusspollen (2010)

Fast überall leuchtet irgendetwas. Es leuchten Strassenlampen, Schaufenster, Reklamen, die Abfahrtszeiten der Busse, Gebäudebeleuchtungen, Flutlichtanlagen, Ampeln, Warnlichter. Kurz vor Weihnachten leuchten Sterne, Lichterketten, Plastikrehe, Nikoläuse. Im Sommer sind es Girlanden und Gartenbeleuchtungen, zudem immer mehr Solarlampen. Zu Hause leuchten Bildschirme aller Art, Kontrolllämpchen, Mikrowelle, Backofen, Aquarium und Wohnzimmervitrine, Kerzen, Zifferblätter und ab und zu der Telefonbeantworter. Um irgendwohin zu kommen, wo nichts leuchtet, unternehmen Menschen weite Reisen – in die Wüste etwa oder zum Polarkreis. Dort sehen sie mit etwas Glück das Nordlicht oder die Milchstrasse. Das Nordlicht, erzählte eine Bekannte, sei schon irgendwie beeindruckend, und früher, als die Menschen sonst kein farbiges Licht kannten, müsse es wirklich überwältigend gewesen sein.

Die Aufklärung wird gelegentlich als prägend für die westliche Welt beschworen. «Age of Enlightment» oder «Siècle des lumières» lassen noch deutlicher hören: Da ging es um Licht. Das sollte in das Dunkel der Unwissenheit gebracht werden. Ob sich das eigenständige Denken ausgebreitet hat, kann bezweifelt werden. Dass es hell geworden ist in Städten und Dörfern, auf Strassen und Autobahnen, ist sicher. «Da oben leuchten die Sterne, da unten leuchten wir» – das Laternenlied meiner Kindheit ist sinnlos geworden. Bei Nacht sehen wir nur noch das selbstgemachte Licht. Die Ökologen sprechen von Lichtverschmutzung. Mich ärgert die übertriebene Helligkeit, obwohl ich Kühlschrank, Computer und Strassenbeleuchtung sehr praktisch finde. Wenn ich könnte, würde ich ausschalten, ausschalten, ausschalten.

Religiöse Rede bedient sich gern der Lichtmetaphorik. Hildegard von Bingen sprach vom lebendigen Licht, wenn sie von der Gottheit redete.

Die Bibel erzählt, dass das Gesicht des Mose, als er zurückkam vom Berg der Gottesbegegnung, so geleuchtet habe, dass die Leute ihn nicht ansehen konnten. Er musste sich unter einem Tuch verbergen. Können wir, lichtverschmutzte Menschen, das überhaupt noch verstehen?

«Gott lasse sein Angesicht leuchten über dir» ist einer der Sätze, der mich regelmässig berührt, sich nicht abnützt. Genauso der bekannte Text von Marianne Williamson: «Wir fragen uns, wer bin ich, mich brillant, grossartig, talentiert oder phantastisch zu nennen? Aber wer bist Du, Dich nicht so zu nennen? Du bist ein Kind Gottes. Sich selbst klein zu halten dient nicht der Welt. Es ist nichts Erleuchtetes daran, sich so klein zu machen, dass sich andere um Dich herum unsicher fühlen. Wir sind alle dazu bestimmt zu leuchten, wie es Kinder tun [...]» Erreichen mich diese Sätze, weil ich noch dunkle Dorfstrassen erinnere? Wohl kaum. Bei etlichen Internetvarianten des Textes lese ich: «Du bist ein Kind des Lichts». Ach ja.

Und dann sehe ich die Pollen von Haselnuss, die Wolfgang Laib im Lauf von drei Jahren eingesammelt hat. Ich sehe ihn förmlich die Zweiglein ausschütteln und die Pollen mit seinem Marmeladeglas auffangen. Ein Kätzchen trägt 2 000 000 Pollen! Von Zeit zu Zeit streut er seine Sammlung auf dem Betonboden eines Museums aus, durch ein Sieb, damit die Herrlichkeit sich nicht mit Staub mischt, langsam, ziemlich exakt in der Form, 150 x 170 cm, die Ränder sind weich, wie Streulicht. Was für ein Gelb! Es leuchtet! Leuchtet direkt in mein Herz. Das tönt ein wenig kitschig, aber es stimmt. Das ist es. Leuchten.

Haselnusspollen leuchten überhaupt nicht. Da sie sehr verborgen wachsen, wäre das auch Unsinn. Sie haben eine riesengrosse Oberfläche. Sie reflektieren das Licht.

dd

lieben /

Amor und Psyche (4. Jh.)

Amor und Psyche umarmen sich. Die Statuette steht in Ostia, der Hafenstadt des antiken Rom. Und das ist die Geschichte dazu, wie sie Apuleius in seinem Roman «Der Esel» erzählt: Die Prinzessin Psyche berückt alle mit ihrer Schönheit. Von überall her kommen Bewunderer. Die Begeisterung nimmt derart zu, dass die Heiligtümer der Liebesgöttin Aphrodite vernachlässigt werden und man Psyche als neue Göttin ansieht. Das erzürnt Aphrodite, die darum ihrem Sohn Amor aufträgt, das Mädchen mit einem bösen Dämon zu verkuppeln. Allein Amor verliebt sich selbst in die Schöne und entführt sie in seinen Palast. Er gibt sich aber nicht zu erkennen. Er verlässt die Geliebte am Morgen, bevor es hell wird, um erst bei einbrechender Dunkelheit zurückzukehren; ein Licht anzuzünden, verbietet er. Angestachelt von ihren beiden Schwestern unternimmt Psyche, was nicht zu vermeiden war: Sie besieht den schlafenden Gatten im Schein eines Öllämpchens und ist hingerissen. Aber ein Öltropfen weckt ihn auf, er verlässt sie. Verzweifelt geht sie auf die Suche nach ihm. Am Ende einer vergeblichen Irrfahrt findet die Unglückliche Zuflucht in einem Aphroditetempel. Die Göttin auferlegt ihr schwierige Prüfungen, bis am Ende Göttervater Zeus eingreift und das Paar wieder zusammenführt.

Aphrodite, vor Zypern dem Meer entstiegen, wie man erzählt, ist verwandt mit den mächtigen Liebesgöttinnen weiter im Osten, mit Ischtar in Babylon oder Astarte in Kanaan. Wenn die Rede auf die Entstehung der Welt kam, führten die Alten sie zurück auf einen göttlichen Liebesakt.

In Israel wurde die Vergöttlichung der Sexualität zurückgewiesen. Jedoch verkörpern im ersten Kapitel der Bibel Mann und Frau erst zusammen das Ebenbild Gottes. Und in einem ganzen biblischen Buch, im Hohen Lied, wird die Liebe zwischen Mann und Frau gepriesen. Als aber die jüdischen Gelehrten in Alexandria die Bibel auf Griechisch übersetzten, überlegten sie, ob sie für die göttliche und die menschliche Liebe das Wort *eros* verwenden könnten. Offenbar fanden sie den Begriff damals, zur Zeit des Hellenismus, religiös und philosophisch zu stark aufgeladen. Sie hätten *philia* wählen können, Freundschaft. Sie entschieden sich aber für *agape*, ein unscheinbares Wort für Zuneigung, Begrüssung und Gernhaben. Das Neue Testament schloss sich dieser Wahl an. Sie zeitigte eine lang anhaltende Wirkung: *eros* und *agape* wurden einander entgegengestellt.

Heute ist es wichtig, diese Unterscheidung aufzulösen und zum Sprachgebrauch der Hebräischen Bibel zurückzukehren, die, wie das Deutsche, für alle Spielarten der Liebe das eine und selbe Wort gebraucht.

Im Blick auf die Vergangenheit notiert Kurt Marti wehmütig: «Mir ist kein Bekenntnis einer christlichen Konfession bekannt, dessen Haupt- und Zentralsatz lautet: *Gott ist die Liebe* (1. Joh. 4,8.16). Dementsprechend sieht die Kirchen- und Konfessionsgeschichte auch aus.»

Auch bei diesem Thema sucht die Befreiungstheologie einen neuen Zugang, nachzulesen etwa in den Gesprächen, die die Bauern von Solentiname über das Evangelium führten, und die der Priesterdichter Ernesto Cardenal protokollierte:

«– Olivia: Jesus vergleicht das Reich Gottes mit einem Hochzeitsfest, zuerst einmal, weil dieses Reich so ist wie die Liebe zwischen zwei Menschen, und zum zweiten, weil eine Hochzeit das fröhlichste Fest ist, das es gibt. Auch dieses Reich ist fröhlich wie ein grosses Fest.

– Manuel: Der Sohn ist Christus, und unsere Vereinigung mit ihm ist wie die Vereinigung eines Paars.»

har

protestieren /

Elizabeth Dalziel, Occupy London, Stock Exchange Demonstration (2011)

Da steht einer auf einer Treppe. Er hält ein Schild in der Hand, auf dem zu lesen ist, dass er die Geldwechsler nicht grundlos aus dem Tempel geworfen habe. Klar, der Mann posiert als Jesus. Er erinnert an die Geschichte im neunzehnten Kapitel des Lukasevangeliums, er lässt sie wieder aufleben, er aktualisiert sie. Er protestiert in dieser Pose gegen heutige Zustände, gegen die Machenschaften der Banken, gegen Auswüchse des Kapitalismus. Er protestiert – und sagt zugleich: So würde Jesus protestieren, wenn er heute hier wäre.

Dass er bei seinem Protest an die biblischen Überlieferungen anknüpft, dass er deren Formen und Symbole verwendet, das hat nun seinerseits einen guten Grund. Denn der Gestus des Protestierens ist dieser Überlieferung tief eingeschrieben. Gegen die bleierne Stille und das verordnete Schweigen, gegen das Wegsehen und das bequeme Arrangement mit dem Unrecht treten in den biblischen Texten immer wieder einzelne Menschen oder Gruppen auf, die das Schweigen durchbrechen. Manchmal erheben die Opfer selbst ihre Stimme, vor Gott, vor der Welt, vor beiden zugleich. «Die Israeliten aber stöhnten unter der Arbeit und schrien, und von der Arbeit stieg ihr Hilferuf auf zu Gott.» (Exodus 2,23) Dies steht im Buch Exodus über die Israeliten, die in Ägypten als Arbeitssklaven gehalten werden. Und wo die Armen und Unterdrückten keine Stimme haben, da erheben andere ihre Stimme und verschaffen ihnen Gehör. Die Propheten des Alten Testaments gehören dazu und auch Jesus spricht laut und deutlich aus, was gesagt werden muss: «Selig ihr Armen!», aber auch «wehe euch, ihr Reichen!» (Lukas 6) Viele weitere folgen: Martin Luther etwa, der Ahnherr einer Konfession, die nicht grundlos als Protestantismus bezeichnet wird, sagt 1521 vor dem Reichstag in Worms: «Hier stehe ich, ich kann nicht anders, Gott helfe mir, Amen.» Und in der Tradition der Friedenskirche der Quäker gilt der Satz «Speaking Truth to Power»:

Man soll den Mächtigen der Welt die Wahrheit ins Gesicht sagen – vernehmlich, sodass sie es hören. Es gibt viele weitere, die protestieren, beseelt von Gottes Leidenschaft für die Gerechtigkeit, erfasst von heiligem Zorn, bis in die heutige Zeit.

Und nun also dieser Demonstrant in London. Er gehört zur Occupy-Bewegung, die in vielen Städten mobil macht. Anders als der Jesus der meisten Darstellungen dieser Geschichte schwingt er keine Peitsche, um die Händler zu vertreiben. Er scheint mir nicht gerade ein zorniger Prophet zu sein. Eher ein Schönling mit Bart, langen Haaren und einem etwas entrückten Blick. Vielleicht bedient er sich auch einfach im Fundus der religiösen Sprache, ein Schauspieler, der sich für diesen Auftritt ein religiöses Kostüm gesucht hat, eine religiöse Rolle. Jedenfalls erinnert er daran, dass es zum Christsein gehört, dort zu protestieren, wo es nötig ist.

Natürlich soll man nicht in blindem Eifer protestieren, nicht selbstgerecht und auch nicht leichtfertig: Wo der Protest nötig ist, zeigt sich meistens erst nach sorgfältigem Analysieren und nach dem Abwägen von Argumenten. Meistens aber belassen wir es beim Abwägen und Differenzieren und bei einem diplomatischen Gleichgewicht. Das ist einfacher, es ist bequemer. Oder wir beschäftigen uns mit uns selbst oder senken die schweren Lider und fallen in einen tiefen Kirchenschlaf. Dagegen die Erinnerung: «Speaking Truth to Power». Auch wenn man dabei ein einsamer Rufer in der Wüste bleibt.

ap

schlafen /

Sir John Everett Millais, My Second Sermon (1864)

Ein pausbäckiges Mädchen sitzt auf einer Bank mit grünem Sitzkissen. Locker hängen die halblangen goldbraunen Locken seitlich am Kopf herunter, berühren beinahe noch das rote Cape, das die Kleine über ihrem blauen Rock mit schwarzer Bordüre trägt. Die baumelnden Beine sind rotbestrumpft und die Füsse stecken in schwarzen Lackstiefeletten. Sorgfältig hat die junge Dame den Federhut abgelegt. Nun stecken die Hände in einem warmen Pelzmuff. Der kleine spitze Mund und die Augen im bleichen Kindergesicht sind geschlossen. Selig schläft das Mädchen – und verpasst dabei die Predigt. Dass das Kind sich in einem Gottesdienst befindet, wird nicht bloss durch den Sonntagsstaat, sondern auch durch den Streifen verglasten Fensters oberhalb der hohen grünen Rückwand der Bank angedeutet. Den letzten Zweifel über den Ort räumt der Titel des Bildes von Sir John Everett Millais aus. Ob dieser Kirchenschlaf mit einem gesellschaftlich einwandfreien Benehmen in Einklang zu bringen

war? Das Mädchen schlummert jedenfalls friedlich und kümmert sich herzlich wenig darum.

Ursprünglich bedeutete das Wort schlafen etwa schlapp werden, was wiederum mit dem Adjektiv schlaff verwandt ist. Wenn Körperspannung und Aufmerksamkeit nachlassen, bietet sich dem Gehirn die Gelegenheit, Erfahrungen einzuordnen und in Träumen zu verarbeiten. Menschen wie Tiere müssen schlafen, um zu überleben. Glücklich also, wer aufgrund innerer und äusserer Umstände in der Lage ist, genügend erholsamen Schlaf zu bekommen – wie das Mädchen. Wie wichtig der Schlaf allein für die Gesundheit ist, zeigt sich schon in der Tatsache, dass Menschen schneller krank werden, wenn ihnen der Schlaf fehlt. Schlafmangel macht sie reizbarer und misslaunig. Um den Wert des Schlafs weiss auch ein alter Spruch aus dem Volksmund: «Den Seinen gibt's der Herr im Schlaf.» Der Spruch hat seinen Ursprung im Buch der Psalmen, in einem Lied, das die Arbeit und

Mühe relativiert, den Schlaf umso mehr hochhält und in Beziehung zu Gott setzt: «Umsonst ist es, dass ihr früh aufsteht und spät euch niedersetzt, dass ihr Brot der Mühsal esst. Dem Seinen gibt er es im Schlaf.» (Psalm 127,2) Auch wenn das Mädchen die Predigt verschläft, bekommt es, was im Psalm «den Seinen» zugesprochen wird. Dies möchte offensichtlich auch das Gemälde des friedlich schlafenden Mädchens vermitteln: «My Second Sermon».

ek

segnen /

Philipp Otto Runge, Der Kleine Morgen (1808)

Zwischen wolkenverhangenen Gebirgen tritt Aurora auf als Allegorie der aufgehenden Sonne. Sie ist von morgendlichem Licht umstrahlt und hebt ihr Haupt, als ob sie Grosses vorhätte. Vor ihr breiten sich eine Landschaft und eine in goldenem Glanz leuchtende Lichtung aus, in die sie hineinschreitet. Im Vordergrund liegt ein kleines Kind im Kraut. Es symbolisiert den neuen Tag. Das Kind wird links und rechts von grösseren Kindern flankiert, die sich ihm mit Gebärden der Verehrung und Fürsorge zuwenden. Aurora ist von einem Kranz weiterer Kinder und Putten umgeben. Alle Figuren der Darstellung sind nackt. Ihre Nacktheit zeigt das Frische, das Unmittelbare des neuen Tages. Aurora ist gekrönt mit dem Blütenkelch einer weissen Lilie, Sinnbild für Unschuld und Reinheit. Auf seinen Rändern sitzen Kinder, als ob der neue Tag viel Neues bereithielte. Weit oben über der Szene sind die Gesichter einer Engeldreiheit sichtbar, die ihre Blicke zu einem Stern heben. Es ist der Morgenstern, der den neuen Tag noch bei Nacht ankündet.

Das Bild von Philipp Otto Runge ist durch ein zweites Bild gerahmt. Dieses zeigt von unten nach oben eine Entwicklung vom Dunklen ins Helle. Oben kniet links und rechts auf einer weissen Blüte je ein Engelchen. Sie verneigen sich in Richtung eines Strahlenkranzes, der sein Zentrum im Morgenstern des inneren Bildes findet. In diesem Strahlenkranz wird ein Heer von Engelsgesichtern erkennbar: himmlische Heerscharen.

Nicht zuletzt diese himmlischen Heerscharen machen das Gemälde christlich deutbar. Es sind die himmlischen Heerscharen, die den Hirten die Geburt Jesu ankündigen. Aurora steht dann für die Gottesmutter Maria, die in der Tradition auch als Morgenstern bezeichnet wird. Das Kind auf der Lichtung, Sinnbild für den neuen Tag, ist Christus, der als aufgehende Sonne und Beginn des ersten Tages einer neuen Schöpfung verstanden wird.

Segnen hat im übertragenen Sinne etwas mit dem Beginn eines neuen Tages zu tun, mit dem Morgen. Segnen heisst, einer Person einen neuen Anfang zu gewähren: am Beginn des Lebens, am ersten Schultag, beim Aufbruch in das Erwachsenenleben, beim Antritt einer neuen Arbeitsstelle, beim Eheschluss, bei anderen Lebensübergängen, am Ende des Lebens.

Segnen ist vorerst ein Sprechakt: Der Segen wird zugesprochen und bisweilen mit einem Gestus symbolisch unterstützt. Es wird darin etwas Grösseres gesagt als in üblichen Zusammenhängen. Es werden «zu grosse Worte» gesagt. So kommt beim Segnen oftmals das Wort Gott ins Spiel: Gott behüte dich! Dies erscheint mir manchmal etwas kitschig – wie Runges Bild. Aber mittels dieser zu grossen Worte wird eine bestehende Beziehung in gewisser Weise über-

schritten und mutig in einen neuen, grösseren Zusammenhang gestellt. Etwas Neues geht damit in der Beziehung zwischen der segnenden und der gesegneten Person auf. Die Beziehung erlebt einen Morgen, dem der goldene Glanz und die zärtliche Hoffnung eines neuen Tages, einer neuen Welt innewohnen.

Segnen ist als Sprechakt aber zugleich ein wirksames Wort, eine Handlung eben. Es ist eine Tat und verpflichtet die segnende Person zu weiteren Taten. Segnen kann ganz konkrete Formen annehmen, beispielsweise als sprichwörtlich gewordener Geldsegen. Segnen heisst dann, mehr zu geben als in üblichen Zusammenhängen.

lm

sich sehnen /

Johann Christian Clausen Dahl, Ansicht von Pillnitz durch ein Fenster (1823)

Das untere Drittel des Bildes lässt den Blick nicht weit kommen. Er prallt an die graue Wand des Zimmers. Das obere Drittel des Bildes zeigt den Himmel in sanften Blau- und Rosatönen. Hier findet der Blick im Unendlichen pastellener Farbverläufe keinen Anhaltspunkt. Das mittlere Drittel beansprucht die ganze Aufmerksamkeit des Betrachters: Durch das offene Fenster hinaus drängt der Blick und sucht das Ferne wie der sprichwörtliche Vogel, der den Käfig verlässt. Draussen weitet sich eine sommerliche Landschaft, durch welche die Elbe ruhig fliesst. In der Ferne und zugleich im optischen Zentrum des Bildes liegt Schloss Pillnitz im Abendlicht.

Die dunklen Wände des dargestellten Zimmers und der holzbraune Boden scheinen den realen Raum des Betrachters – die Wand, an der das Bild hängt – weiterführen zu wollen. In dieser realen Wand entsteht durch das dort aufgehängte Bild ein gemalter Unterbruch, eine Öffnung. Die Darstellung zeigt ein Fenster und erzeugt so gleichsam ein fiktives Fenster in der Wand, an der das Gemälde hängt. Dieses fiktive Fenster weist mir den Blick auf Schloss Pillnitz.

Schloss Pillnitz war mir bisher nicht bekannt. Details sind auf dem Bild kaum erkennbar. Und doch bleibt mein suchender Blick immer wieder auf der im Original nur wenige Zentimeter grossen Darstellung des Gebäudes hängen und tastet diese ab: Schloss Pillnitz muss ein besonderer, ein verheissungsvoller Ort sein.

Die Suchbewegung meines Blicks auf dem kleinen Stück Leinwand bringt etwas in mir in Bewegung, als ob das Gemälde tatsächlich etwas zu öffnen vermöchte – eher in mir, als in der Wand. Meine Gedanken bewegen sich, drängen hinaus: Das Bild kann die Wand nicht wirklich öffnen, aber meinen Gedanken ist das Bild eine Öffnung, durch die sie hinausdrängen und sich in einer imaginären Landschaft frei zu bewegen beginnen.

Ähnlich verhält es sich meines Erachtens mit biblischen Texten. Sie setzen an beim realen Kontext des Lebens: der Wand, dem Boden. Sie zeichnen in diesen realen Kontext hinein eine Öffnung. In der Öffnung wird das andere sichtbar: eine paradiesische Landschaft, himmlische Gefilde, eine prächtige Stadt, ein Reich Gottes, eine Welt voller Gottesgegenwart. Dieses andere liegt in der Ferne, ist nicht im Detail gemalt, bleibt in seiner Darstellung vage wie Schloss Pillnitz im Abendlicht. Und doch suchen meine bewegten Gedanken die Buchstaben der Textstellen immer wieder erwartungsvoll ab. Etwas öffnet sich in mir. Etwas in mir drängt hinaus, ins Freie, voran, weiter – ein Sehnen.

lm

staunen /

unbekannter Künstler, Die Katze

Erstaunlich, dass wir in den grünen und grauen Strichen auf orangem Grund sofort eine Katze erkennen. Dabei hat sie nichts, was sie wirklich zur Katze machen würde, weder die Pfoten noch die Schnurrhaare, nicht die Ohren oder die Nase sind so gezeichnet, wie das ein Schulkind machen müsste. Trotzdem sehen wir sie und wir sehen sogar ihre Laune. Auch das ist zum Staunen. Woher wissen wir, wie eine Katze gelaunt ist? Ich staune jeden Tag darüber, dass ich mich mit meiner Katze doch irgendwie verständigen kann, staune über ihre Fremdheit, über ihre Kraft und ihre Anmut, ihre Faulheit und die Selbstverständlichkeit, mit der sie meine Zuneigung entgegennimmt. Ich staune über mich, dass sie mich nicht langweilt, schliesslich kennen wir uns seit Jahren. Sie staunt weniger über mich als ich über sie. Staunen ist menschlich. Das nehme ich jedenfalls an, sicher bin ich nicht, was weiss ich schon von Katzen? Ich staune über die Fähigkeit des Künstlers, genau das, was ich als Essenz meiner Katze

erkannt habe, auf Papier zu bringen. Überhaupt staune ich über viele Bilder, ihre Präzision im Ausdruck. Das ist wie bei der Musik, aber die ist noch erstaunlicher.

Auch wer sich nicht für Kunst oder Haustiere interessiert, findet genügend Grund zu staunen. Kinder bringen viele Erwachsene zum Staunen. Sie haben selbst eine ungeheure Fähigkeit dazu. Über den Weg der verschütteten Milch auf dem Tisch zum Beispiel. Die Mutter dagegen putzt sie rasch weg, bevor die Katze auf den Tisch springt. Da bleibt keine Zeit zum Staunen. Ein Mathematiker, den ich kenne, staunt immer wieder über die Zahlen und dass es so etwas wie Mathematik überhaupt gibt. Das käme mir nie in den Sinn, da staune ich über ihn.

Staunen ist ein ganz eigener Zugang zur Welt. Weil sie wunderbar wird, wenn wir über sie staunen, wunderbar und reich und schrecklich, farbig und fast unerträglich fremd, sodass man ab und an zu staunen aufhört und rasch etwas erklären muss, damit man den festen Boden unter den Füssen nicht verliert. Über den man allerdings auch staunen kann: inmitten des fliegenden Alls haben wir festen Boden unter den Füssen. Das ist doch etwas!

Wer staunt, lernt eine Menge, weil das Staunen zum Fragen führt. Wer staunt, wird fromm. Weil er merkt, dass der feste Boden schon vor ihm da war. Weil sie sich freut, dass es Katzen gibt, Wesen, die sie so wenig erfinden könnte wie sich selbst. Weil er nicht genug bekommt von all den Unterschieden der Menschen. Weil wir, wenn wir der Welt staunend begegnen, dankbar werden für all das, was ohne unser Zutun da ist. Und demütig. Und selbstbewusst. Wie Abraham, der enttäuscht zu den Sternen hinaufsieht und staunt und vertraut. Oder wie Hiob, der zu Recht zornig Gott zur Rede stellt und über die Urzeitwesen, mit denen Gott spielt, ins Staunen gerät und sagt, nun kenne er Gott, es sei jetzt gut. Niemand weiss, wieso er das sagt. Die es lesen, staunen seit Jahrhunderten darüber.

Manche fragen staunend nach Gott und nach unserer religiösen Tradition. Aber das finde ich nicht so wichtig, obwohl ich das vielleicht sollte. Wichtiger finde ich, dass wir niemals aufhören zu staunen.

dd

teilen /

Michelangelo da Caravaggio, Christus in Emmaus (um 1598)

Die Geschichte ist bekannt: Nach der Kreuzigung Jesu sind zwei seiner Anhänger unterwegs, zu Fuss, es ist eine längere Wanderung. Sie sprechen über die jüngsten Ereignisse, über den gewaltsamen Tod Jesu und die Berichte über das leere Grab. Ein Unbekannter kommt hinzu, er begleitet sie und wird ins Gespräch einbezogen. Ein Unbekannter – wir wissen aber bereits, dass es der auferstandene Jesus ist. Bloss: Die beiden Jünger erkennen ihn nicht. Er bleibt für sie ein Fremder, auch dann noch, als er ihnen die Schrift auslegt. Erst am Abend, als sie Emmaus erreichen und gemeinsam zu Tisch sitzen, erkennen die beiden Jünger Jesus. Da heisst es: «Und es geschah, als er sich mit ihnen zu Tisch gesetzt hatte, dass er das Brot nahm, den Lobpreis sprach, es brach und ihnen gab. Da wurden ihnen die Augen aufgetan, und sie erkannten ihn.» (Lukas 24,30 f.)

Genau diesen Moment zeigt das Bild von Caravaggio: den Moment des Erkennens und das Erstaunen, das Erschrecken sogar, das damit verbunden ist. Der eine Jünger, so scheint es, will aufspringen, er stützt die Hände bereits auf die Stuhllehne; der andere wirft seine Arme in die Luft. Nicht an seinem Äusseren erkennen sie Jesus und nicht an seiner Stimme. Sie erkennen ihn nicht an seinen Worten und nicht an der Lehre. Die Augen gehen ihnen bei einer Handlung auf, bei einem Handgriff, beim Brechen und Austeilen des Brotes.

Das ist kein Zufall. Die beiden werden sich an das letzte Mahl mit Jesu erinnert haben und mehr noch daran, dass das Teilen des Essens im Leben Jesu immer eine herausragende Stellung eingenommen hat. Mehrfach wird berichtet, wie Jesus, seine Anhänger und weitere Personen gemeinsam essen. Diese Tischgemeinschaft, diese Mahlzeiten stehen allen offen, gerade auch den Armen und jenen am Rand der Gesellschaft. Alle essen mit, alle teilen und alle werden satt.

Das Teilen des Lebensnotwendigen ist so zentral und charakteristisch für Jesus, dass die beiden

Jünger in Emmaus ihren Lehrer genau daran wiedererkennen. Die einfache Geste, mit der das Brot gebrochen und geteilt wird, ist das Erkennungszeichen Jesu, in ihr verdichtet sich, worum es Jesus geht und was seine Bewegung prägt. Jesus hat das nicht erfunden. Er bezieht sich auf die Hebräische Bibel, etwa auf den Propheten Jesaja, bei dem es heisst: «Bedeutet es nicht, dem Hungrigen dein Brot zu brechen und dass du Arme, Obdachlose ins Haus bringst? Wenn du einen Nackten siehst, dann bedeck ihn, und deinen Brüdern sollst du dich nicht entziehen!» (Jesaja 58,7)

Caravaggio war berüchtigt dafür, einen grossen Teil seiner Zeit in Spelunken und Tavernen zuzubringen, und mehr als einmal war er in Schlägereien und Schlimmeres verwickelt. Nicht selten soll er die Modelle für seine Bilder in dieser ärmlichen Halbwelt gefunden haben. Dass auch die beiden abgebildeten Jünger eher ärmlich anmuten, der eine davon mit einem grossen Loch in der Jacke: Das passt bestens zu Jesu Praxis des Teilens mit den Armen. Der Glaube findet eben nicht nur im Kopf statt und auch nicht nur im Herz, er hat auch eine handfeste Seite.

ap

trösten /

Gisèle Freund, Hausputz (1933)

«Trostlos» ist der erste Gedanke, der sich einstellt, wenn ich das Bild ansehe. Die staubige Strasse, menschenleer. Im Hintergrund eine Wand mit Werbeplakaten. Rechts eine völlig verschmierte, heruntergekommene Hausfassade und eine Frau in Kittelschürze und Hausschuhen, die mit einem Lappen und einer Emailleschüssel voll Wasser gegen den Verfall anputzt. Falls die Fassade überhaupt Aufmerksamkeit verdient, wäre ein neuer Anstrich angesagt. Warum ist «trostlos» mein erster Gedanke? Ich denke nicht: «Was für ein Unsinn» oder «Zum Glück verlangt das keiner von mir». Ich denke: «trostlos».

Geht es hier um Trost? Nicht um bescheuertes Putzen? Und um wen geht es, wenn es um Trost geht: um die Frau oder um die Betrachterin? Wer soll sich trösten, jemanden trösten, getröstet werden? Zu der Zeit, in der ich studierte, wurde Trösten verdächtigt, nur eine oberflächliche Angelegenheit zu sein, Teil einer Plastikwelt, die Leiden nicht wahrhaben und alles schönreden will. Aufarbeiten war angesagt. Oder die Trostlosigkeit aushalten. In den letzten Jahren begann sich das wieder zu ändern. Psychologinnen, die in Krisengebieten arbeiten, stellen fest, was jedes Kind weiss: Menschen können trösten, einander beistehen, festhalten, ansehen, das Leid mit aushalten. Und anscheinend wissen wir alle: Tief erschreckte Menschen brauchen zuallererst Trost. Trostbedürftig seien wir alle, das behauptet meine religiöse Tradition. Der Heidelberger Katechismus, der in den meisten reformierten Kirchen die Tradition mitgeprägt hat und 2013 450 Jahre alt wird, beginnt mit den Worten: «Was ist dein einziger Trost im Leben und im Sterben?» Die Frage taucht in Varianten immer wieder auf. Viele Fragen und Antworten des Heidelberger Katechismus gehören in die Zeit der Reformation. Kaum jemand ist noch Tag und Nacht von Sündenangst gequält. Aber die Erkenntnis, dass Menschen Trost brauchen, gilt immer noch. Dass es Sinn und Ziel des Evangeliums ist, die Menschen zu trösten. Dass Trost das grosse Geschenk des menschenfreundlichen Gottes ist, der nicht will, dass alles bleibt, wie es ist. Als trostlos empfinden wir eine Situation oder einen Ort ohne menschliche Nähe und ohne die Aussicht auf Veränderung. Und weil das für uns Trostbedürftige so schwer auszuhalten ist, möchten wir da nicht hin, oft nicht einmal hinsehen.

Ist das Bild wirklich trostlos? Ich sehe es lange an, immer wieder. Und frage mich: Was hat wohl die Fotografin gesehen? Gisèle Freund hat dieses Foto gemacht, 1933 in Paris, und ihm den schlichten Namen «Hausputz» gegeben. Sie war eine Fotografin, die genau hinsah, sehr genau. Berühmt geworden ist sie durch ihre Porträts. Sie wartete, bis sie den Ausdruck in einem Gesicht sah, den sie für echt hielt. Diesen Ausdruck hielt

sie fest. Vordergründige Schönheit interessierte sie nicht. Nicht alle mochten es, von ihr fotografiert zu werden.

Vielleicht hat sie die aufgehende Sonne gesehen, das Licht, das noch weit oben auf der Hausmauer liegt, das aber durchkommt. Vielleicht hat sie eine kleine, entschlossene Frau in Hausschuhen gesehen, die die Welt mit ihren staubigen Strassen, ihren verlotterten Fassaden und ihren grellen Plakaten nicht sich selbst überlässt. Die sich aufmacht und mit scheinbar ohnmächtigen Mitteln ein wenig Schönheit und Hoffnung auf Zukunft herstellt.

Vielleicht sah sie ein tröstliches Bild.

dd

unterbrechen /

Samuel Buri, Friche (1962)

1962, als das Bild entstand, war Samuel Buris Name in Basel und darüber hinaus schon lange bekannt. Dann aber wurde in einer grossen Ausstellung ein Überblick über sein Werk gezeigt, der für mich neu und überwältigend war. Porträts, Interieurs, Bäume leuchteten auf eine Weise, dass man nicht recht verstehen konnte, wie die Bilder so ordentlich an den Wänden hängen blieben und nicht vor Farbkraft barsten. Ältere Arbeiten aus den sechziger Jahren waren ebenfalls zu sehen, ebenso leuchtend, aber ungegenständlich, kraftvoll und ruhig. Buri lebte damals im Burgund. Die Bilder aus dieser Zeit sind französisch betitelt, das hier ausgesuchte heisst «Friche», Brachland.

Der Ausdruck Brache wurde in der alten Dreifelderwirtschaft gebraucht, da man das Land in Abständen von der Bewirtschaftung ausnahm und ruhen liess. Die Vorstellung von Brachland wiederum verbinde ich – mit Religion. Johann Baptist Metz hat einmal formuliert: «Die kürzeste Definition von Religion: Unterbrechung». Das Leben verlangt Unterbrüche, Pausen, Abschweifungen. Sonst erzeugt die andauernde Anspannung Zwänge und eine bewusstlose Müdigkeit.

Im Judentum unterbricht der Sabbat die Wochenarbeit. Christentum und Islam übernahmen diesen Wochenrhythmus. Feste, Gottesdienste, die Arbeitsruhe am Sonntag eröffnen eine Gegenwelt zum üblichen Wirtschaften. Wenn jemand betet, meditiert, die Bibel liest, verlässt er den herrschenden Verwertungszusammenhang und tut etwas Unproduktives. Religion ist weder Bestätigung noch Unterstützung des Alltags, auch keine Versüssung, sie wirkt sperrig, unnütz, sie zielt auf eine andere Welt.

Ich bekam Gelegenheit, meine Überlegungen Samuel Buri mitzuteilen. Er zögerte einen Moment, erzählte, dass er die Bauern wiederholt von *la friche* reden hörte, dass sie darunter verlassenes Land verstanden, aufgegebenen Ackerboden. Das passt ja auch eher zur Abwanderung aus den ländlichen Gebieten Frankreichs und den

einschneidenden Veränderungen in der Land-
wirtschaft als die Dreifelderwirtschaft. Dann
steht also das ungebärdige Grün dafür, dass die
Natur zurückholt, was der Landwirt nicht mehr
bewirtschaften kann. Das Blau und das Rot erinnern an Kornblumen und Mohn.

Wird die Religion zum unbebauten Land, wie
man oft behaupten hört? Im Petit Larousse lese
ich zu *friche*: «(néerlandais *vrisch*, frais) étendue
de terrain inculte». Ist das die Definition unserer
Religiosität?

Wenn ich jetzt nach Frankreich fahre im Som-
mer, treffe ich manchmal neben den Strassen auf
Streifen bunter Blumen: Kosmeen, Ringelblumen,
Löwenmäulchen. Ein bebautes, aber wirtschaft-
lich ungenutztes Landstück. Eine leuchtende
Buntheit wie die in Buris Bild.

har

vergehen /

Caspar Abt, Stillleben (2005)

Es waren einmal drei Coca-Cola-Dosen. Vielleicht erfreute das bittersüssbraune Getränk Jugendliche, stammten die Dosen von einem Picknick oder einer Tanzparty. Möglicherweise wurden sie bei einer Spritzfahrt leergetrunken in den Strassengraben geworfen, oder sie richteten einen müden Wanderer auf. Wurden sie bei einem lauten Konzert konsumiert? Oder dienten sie einem Strassenarbeiter als Ersatz für ein Bier? Man kann sich vieles vorstellen, aber man weiss nichts sicher, es ist lange her, seit sie ihren Zweck erfüllt haben. Da fand sie der Maler, hob sie auf, stellte sie in einen Winkel seines Ateliers, um sie später zu einem Stillleben zu arrangieren. Jetzt stehen sie leicht erhöht wie auf einem Podest und schimmern in allen Rostfarben. Sie sind brüchig geworden, verformt, im Strassengraben oder beim Einsammeln des Abfalls. Doch nun präsentieren sie sich aufrecht und feierlich; das Abendlicht beleuchtet sie von hinten, die letzten silbernen Spuren des Aluminiums glänzen.

Wenn etwas seinen Zweck nicht mehr erfüllt, tut sich vielleicht eine andere Möglichkeit auf. Ist es erst einmal zwecklos geworden, wird es auf neue Weise interessant. So ungefähr drückt sich der Maler aus. Er, Caspar Abt, ist von Autofriedhöfen angezogen. Aus seiner Hand stammen unzählige Zeichnungen und Gemälde von Autowracks, deren modischer Glanz übergeht in eine bunte Auflösung, die Zeit, Witterung und Vegetation bewirkt haben. Ein weiteres Lieblingsmotiv sind Früchte, Äpfel meistens; gern zeigt er sie in allen möglichen Stadien, prall bis verschrumpelt. Man wird an die altmodischen Bilder von den Stufen des Lebens erinnert, aufsteigend vom Säugling zum Jüngling, zum Mann im besten Alter mit der blühenden Ehefrau an der Seite und absteigend zum Greisenpaar und zum Grab.

Paul Gerhardt meint zur Vergänglichkeit:

«Alles in allem / muss brechen und fallen; / Himmel und Erden, / die müssen das werden, / was sie gewesen vor ihrem Bestehn.

Alles vergehet, / Gott aber stehet / ohn alles Wanken; / seine Gedanken, sein Wort und Wille hat ewigen Grund.»

Heute zögern viele, angesichts der Vergänglichkeit und des Todes von einem ewigen Grund zu sprechen. Karl Barth hat in seinem Hauptwerk an einer etwas verborgenen Stelle seine Sicht auf Vergänglichkeit und Ewigkeit entwickelt. Dabei führt er ein sperriges Stichwort ein: Verherrlichung. Der Mensch, sagt er, wird «einmal nur noch gewesen sein, wie er einmal noch nicht war. Dass er auch als dieser Gewesene nicht Nichts, sondern des ewigen Lebens Gottes teilhaftig sein werde, das ist die ihm in diesem Gegenüber mit Gott gegebene Verheissung, das ist seine Hoffnung und Zuversicht. Ihr Inhalt ist also nicht seine Befreiung von seiner Diesseitigkeit, von seinem Enden und Sterben, sondern positiv: die ihm von dem ewigen Gott her bevorstehende Verherrlichung gerade seines von Natur und von Rechts wegen diesseitigen, endenden und sterbenden Seins.»

Unser vergängliches Leben wird in Licht getaucht. Es bekommt von anderer Seite eine Würde, die es aus sich selbst nicht aufzubringen vermag. Das ist, was im Neuen Testament Auferstehung heisst. Sie bedeutet nicht eine Verlängerung des Lebens ins Jenseits, wohl aber eine Anteilnahme oder eher Anteilgabe am Göttlichen selbst. Paulus sagt: «damit Gott alles in allem sei» (1. Korinther 15,28).

har

vergessen /

Georgia O'Keeffe, Winter Road I (1963)

Das Bild heisst nicht «vergessen». Auch nicht «erinnern». Es zeigt eine Strasse im Winter. Eine Spur in einer verschneiten Landschaft. Eine bewegte farbige Spur, die den Betrachter durch das gleichmässige Weiss des Hintergrunds führt, das dadurch zur Landschaft wird. Es entstehen Tal und Hügel, vorn und hinten. Raum öffnet sich. Ich lese die Spur als Erinnerungsspur. Ein Bild ist und zeigt mehr als der Titel.

Nehmen Sie eine beliebige Erinnerung. Etwas davon ist weit vorn, kraftvoll, farbig mit einer klaren Kontur. Ganz so wie der Bogen rechts unten im Bild, der sich vordrängt. Das Auge der Betrachtenden richtet sich zwangsläufig zuerst auf ihn. Aber dieser kräftige Eindruck ist nicht alles. Wenn Sie einen Moment bei Ihrer Erinnerung bleiben, dann folgen Sie einer Spur aus Bildern, Geräuschen, Gerüchen, Bewegungen, Gefühlen – was davon überwiegt, ist unterschiedlich. Aber die Spur, Ihre Spur, führt Sie. So, wie die Strasse hier auf dem Bild den Blick führt. Und dann passiert etwas: Der Blick wird weiter, unscharf, etwas neben der Spur wird sichtbar, Nebengeräusche, Bilder, die sich überlagern, Widersprüche, Unsicherheiten. Eine ganze Landschaft. Die Spur selbst wird schmal. Und dünn. Die Farbe vergraut. Die Spur führt in eine Senke. Vergessen. Wie war das noch mal? So genau weiss ich auch nicht. Aber doch! Da ist sie wieder. Kräftiger. Aber ein Zwischenstück fehlt. Wenn Sie dranbleiben, erleben Sie das weiterhin: Die Landschaft Ihrer Erinnerung wird reicher. Gewissermassen dreidimensional. Aber die Spur wird immer dürftiger. Sie merken, wie viel Sie vergessen haben. Das allermeiste. Vieles ist verschneit, weiss, farblos und konturlos geworden.

Das ist gut so: Weil wir so viel vergessen, erinnern wir uns an die wichtigen Dinge. Wäre alles gleich präsent, wäre alles in der unübersichtlichen Menge verloren. Die Farben würden sich zu einem endlos unstrukturierten Grau mischen, Spur und Landschaft verschwänden. Wie gut, dass unser Gedächtnis nicht alles aufbewahrt. Wir vergessen die vielen banalen Wiederholungen, die nichtssagenden Gespräche, die notwendige Routine. Wie gut auch, dass wir viel Streit und schlechte Laune, viel Schmerz und viel Angst vergessen. In meiner protestantischen Tradition hat erinnern einen hohen Stellenwert und vergessen wird verdächtigt. «Vergiss nicht!», heisst es. «Vergiss nicht!» heisst «Lerne daraus! Verhindere, dass es wieder so weit kommt!» Darum wird viel Schreckliches erinnert. Von Kain und Abel über die Kreuzigung Jesu bis zu den Genoziden der letzten hundert Jahre. «Vergiss nicht», heisst es auch im Psalm 103. «Lobe den HERRN, meine Seele, und vergiss nicht, was er dir Gutes getan hat» (Psalm 103,2) oder in der Übersetzung der Bibel in gerechter Sprache: «Segne die EINE, du meine Lebenskraft! Vergiss nicht, was sie alles vollbracht hat».

Auch diese Erinnerungen sind in der Tradition aufbewahrt. Der Regenbogen und die Treue der Gottheit. Die Befreiung aus der Sklaverei. Weihnachten. Ostern. Der Psalm fährt fort:

«Die dir alle deine Schuld vergibt, alle deine Krankheiten heilt,
die dein Leben aus dem Grab befreit,
dich mit Güte und Barmherzigkeit krönt,
die deine Schönheit mit Gutem sättigt,
dass sich deine Jugend erneuert, wie ein Phönix.»

Lauter Neuanfänge. Dass etwas gut wird, ist möglich. In der Erinnerung an die Heilung ist auch die Krankheit aufbewahrt. Das genügt. Die Gottheit, die Neuanfänge schenkt, hält uns nicht fest im Alten.

Unser Wille kann zum Glück das Gedächtnis nicht steuern, wir können nicht beschliessen, was wir vergessen und was wir erinnern. Aber eine Strasse leuchtet nur dann dunkel aus der weissen Landschaft heraus, wenn sie befahren wurde. So funktioniert auch unser Gedächtnis. Die Erinnerungsspuren, die oft nacherlebt, nacherzählt, weitergegeben werden, erhalten Kontur und Farbe.

dd

vertrauen /

David Hockney, A Bigger Splash (1967)

Ein blassblauer Himmel, zwei schlanke Palmen, ein ziegelrotes Haus mit weissem Flachdach, eine Blumenrabatte und eine Fensterfront, in der sich andere Häuser und Palmen grau spiegeln. Davor steht auf einem hellroten Platz ein Klappstuhl. Der Stuhl wirft einen Schatten auf den Platz. Die Sonne muss beinahe im Zenit stehen. In den Platz ist ein Pool eingelassen, sattblaues Wasser darin. Ein sandgelbes Sprungbrett ragt in den Pool. Wasser spritzt in einer Fontäne empor, als ob eben jemand vom Brett in den Pool gesprungen wäre – «A Bigger Splash» (zu Deutsch: ein grösserer Spritzer oder Platscher).

Das Bild wirkt auf den ersten Blick naturalistisch. So könnte es tatsächlich ausgesehen haben, als jemand vom Brett ins Wasser sprang. Bei genauerer Betrachtung fällt die streng stilisierte Farb- und Formgebung der Darstellung auf: Sie ist im Wesentlichen aus bläulichen und rötlichen Flächen aufgebaut. Es gibt beinahe nur horizontale und vertikale Linien. Die Pflanzen, der Stuhl und die Spiegelungen in den Fenstern irritieren die Symmetrien leicht, verstärken damit aber nur den Eindruck einer strikt reduktionistischen Komposition. Einzig «A Bigger Splash» belebt die Szenerie, suggeriert Bewegung, weist auf einen Menschen hin, erzählt die kurze Geschichte eines Sprungs ins Wasser. Er bleibt aber ebenfalls schemenhaft.

Der Titel «A Bigger Splash» schreibt die kurze Geschichte des Bildes ein wenig weiter. Er lässt annehmen, es hätte bereits einen *splash* gegeben, allerdings einen kleineren. Der dargestellte *splash* sei nun eben der grössere. Die nüchterne Klarheit des Gemäldes in Kombination mit der schlichten Aussage des Titels, dies sei der grössere *splash*, lässt den Betrachter ratlos fragen: Was soll das?

Das Bild lässt den Betrachter nicht ohne weiteres auf einen Sinn schliessen, sondern lässt ihn zuerst konsterniert nach einem Sinn fragen. Der Künstler zeigt damit dem Betrachter gegenüber

Vertrauen. Er überlässt ihm gewissermassen sein Bild: Erfahre und erforsche es selbst!

Der Betrachter seinerseits muss vertrauensvoll ins Bild hineinspringen, wie in einen Pool, muss in das Bild abtauchen und dann sehen, was sich ihm an Eindrücken und Erkenntnissen ergibt. Vielleicht ist der Betrachter nach dem ersten Sprung nicht klüger als zuvor und wird ein zweites Mal ins Bild hineinspringen müssen. Mag sein, dass er beim zweiten Mal einen *bigger splash* erzeugt, dass er dies konstatiert, nachdenkt und dann zu schmunzeln beginnt. Möglicherweise hat er den Sinn des Bildes nicht gefunden, aber er hat etwas anderes begriffen: Sein Vertrauen hat sich gelohnt. Es war nicht sinnvoll, aber schön, in das Bild einzutauchen.

Fabula docet: Mit dem Leben ist es manchmal ähnlich. Der Künstler setzt viel Vertrauen in den Betrachter. Erfahre und erforsche dein Leben selbst! Der Betrachter wird nicht immer einen Sinn finden können. Aber er wird hoffentlich das Vertrauen und den Mut finden, sich immer wieder hineinzuwerfen, es selbst zu erfahren und sich zu freuen, wenn er einen *bigger splash* erzeugen konnte. Dann wird er dankbar seinen Blick zum Himmel wenden: Siehe, es war gut.

lm

sich wandeln /

Claude Monet, Die Kathedrale von Rouen im lichten Nebel (1894)

Im Dunst des frühen Morgens sind Säulen, Friese, Bogen und Türmchen erkennbar. Sie gehören zur Fassade eines grösseren Gebäudes. Gemäss Bildtitel handelt es sich um die Kathedrale von Rouen. Claude Monet lässt helle Blau- und Violetttöne sanft ineinanderfliessen und deutet so die Schatten von Fensternischen und Einlassungen an. Erste Sonnenstrahlen fallen von Osten auf die höchsten Türme des Bauwerks und lassen diese gelblich aufleuchten. Der massive, monumentale Steinbau wirkt in der morgendlichen Stimmung leicht und fein, ja geheimnisvoll und märchenhaft.

Monet malte eine Serie von zwanzig Bildern der Kathedrale von Rouen. Die Bilder zeigen, wie jedes Tageslicht die Kirche anders erscheinen lässt. Keines der Bilder zeigt die Kirche im richtigen, im wahren Licht, weil es dieses offensichtlich nicht gibt. Jedes Tageslicht hat seine Richtigkeit. Daher sind alle Bilder der Serie – so verschieden sie sind – zutreffende Darstellungen der Kathedrale von Rouen, entsprechen dem jeweiligem Tageslicht und Blickwinkel.

Christen bauten Kirchen als Orte des Gottesdienstes. Sie versuchten, die Kirchen ihren Glaubensvorstellungen entsprechend zu entwerfen und so die Theologie ihrer Zeit in eine architektonische Form zu übersetzen. Der gotische Bau der Kathedrale von Rouen reflektiert mit seinen dem Himmel entgegenstrebenden Türmen und seiner mit Skulpturen und Ornamenten reich verzierten Fassade die facettenreiche und für unser Verständnis teilweise schwindelerregende Theologie des Spätmittelalters.

Kirchenbauten wie die Kathedrale von Rouen treten dem Betrachter als unübersehbare Wahrzeichen vieler Städte Europas entgegen. Die Umgebung der Gotteshäuser hat sich in den Jahrhunderten seit ihrer Erbauung meist stark verändert: Städte bleiben nicht, wie sie sind, sie wandeln und entwickeln sich. Die Kirchenbauten blieben vielfach, wie sie waren. Indem sich jedoch die Umgebung der Kirchen verändert, erscheinen auch die Kirchen neu und anders, als hätte sich das Tageslicht geändert. Mittelalterliche Kirchen wirken in den städtischen Zentren der Gegenwart oftmals wie Wesen aus längst vergangenen Zeiten, wie Dinosaurier, die faszinierend und fremd in unseren Städten lagern.

Monets Serie über die Kathedrale von Rouen wird zur Metapher für den geschichtlichen Wandel des Christentums. Keine Epoche hat das wahre Christentum oder die richtige Theologie hervorgebracht, so wie keine Epoche für sich den einzig wahren kirchlichen Baustil behaupten kann. Alle Christentümer und alle Theologien bilden eine aufgrund ihrer Bedingungen – im Lichte ihrer Zeit – zutreffende Gestalt, so befremdend diese später, aus der historischen Distanz, wirken kann. Das wahre Christentum, befreit von der durch die historische Epoche gegebenen Prägung, befreit vom Einfluss des historischen und kulturellen Kontexts, kann es nicht geben. So wie die Kathedrale von Rouen im sich wandelnden Tageslicht ständig anders zu sehen ist, aber ohne das sich wandelnde Licht nicht sichtbar wäre.

Das Christentum ist seit langem bei uns. Es hat sich seit seinen Anfängen gewandelt. Es musste sich wandeln, denn die Welt hat sich gewandelt. Anders als Kirchenbauten aus vergangenen Zeiten sollte der christliche Glaube in seiner jeweiligen Gegenwart nicht wie ein Dinosaurier wirken. Bei alten Kirchengebäuden hat das seinen Reiz, bei glaubenden Menschen nicht.

lm

warten /

Ernst Barlach, Der Wartende (1924)

Leichtfüssig steht er da, könnte jeden Moment loslaufen, das Gewicht ist schon nach vorn verschoben. Auch die Arme hängen nicht herab, die Unterarme sind angehoben, die Hände liegen zwar locker ineinander, könnten aber sofort tätig werden, zugreifen, sich ausstrecken. Trotzdem ist er eine schwere und ruhige Figur, «Der Wartende» von Ernst Barlach. Der Kopf ist leicht nach hinten gelegt, die Haare sind hinter die ziemlich grossen Ohren zurückgestrichen, die Augen blicken irgendwohin, nach oben, sehen vermutlich noch nichts. Er wartet. Wartet gelassen und bereit, sich jederzeit in Bewegung zu setzen, wenn der erwartete Laut seine Ohren oder das ersehnte Bild seine Augen erreicht. Er ist parat. Das bedeutet laut Duden «in Bereitschaft» oder veraltend «bereit zum Aufbruch, reisefertig».

Warten lässt es sich auf sehr unterschiedliche Weise, das kann man auf jedem Bahnhof und auf jedem Flugplatz beobachten. Aber Menschen warten noch auf viel mehr als auf Züge oder Flüge: auf das Glück zum Beispiel. Oder die grosse Liebe. Darauf, dass es endlich besser wird. Dass das hier einmal vorbei und dann alles ganz anders sein wird. Auch darauf lässt sich sehr unterschiedlich warten. Ungeduldig. Fatalistisch. Verzweifelt. Völlig passiv oder sich in Aktivitäten verlierend. So viele Menschen, so viele Arten zu warten.

Barlachs Figur ist parat, ein Wartender genau auf der Grenze zwischen der aufmerksam wahrgenommenen Gegenwart und der erwarteten Zukunft. Die leichtfüssige Aufmerksamkeit zusammen mit der schweren Ruhe macht ihren Reiz aus.

Wer so wartet, erwartet etwas.

Wer so wartet, ist da. Präsent.

Und geht nicht ganz auf im jetzigen Moment.

Wer so wartet, hat sich nicht abgefunden.

Wer so wartet hat Zeit.

Und Zukunft.

Die allerersten Christen, die noch nicht wussten, dass man sie später so bezeichnen würde, sassen im Jerusalemer Tempel und warteten. Warteten, dass der Auferstandene wiederkäme. «Maranata!», riefen sie, «Komm bald!» Mit dem Wiederkommenden würde alles neu werden. Die Tränen getrocknet und die Wunden geheilt. Aber der Auferstandene kam nicht so rasch. Der Tempel und die Stadt wurden zerstört, das Judentum musste sich neu erfinden und mit ihm erfand sich das Christentum. Die Christen mussten lernen, dass es nicht ein kurzes Warten sein würde, sondern ein langes. Ein sehr langes Warten. 2000 Jahre später wartet kaum noch jemand so, als ob die Wiederkunft Christi gerade bevorstünde. Und trotzdem bestehen Christinnen und Christen darauf, dass es einmal sein wird, dass die Tränen einmal getrocknet werden. Dass sich Frieden und Gerechtigkeit küssen werden. Dass das Muster im Gewebe des Lebens eines Tages sichtbar wird. Und dass es schön sein wird. Dieses Warten macht weder passiv noch überaktiv. Für mich findet es einen stimmigen Ausdruck in Barlachs Figur. Wer so wartet, hat Zeit. Und Zukunft.

dd

zählen /

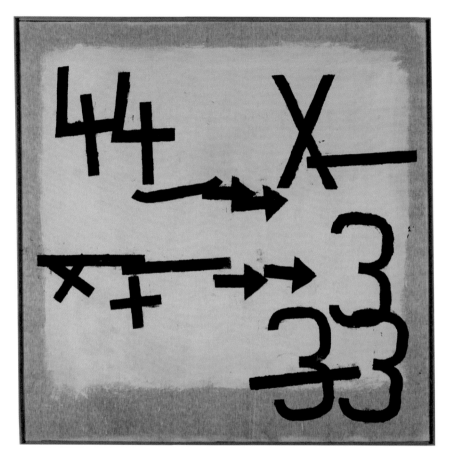

Jannis Kounellis, Senza Titolo (1959)

Ohne Titel hüpfen die Zahlen, Zeichen und Buchstaben auf dem quadratischen, beigen Hintergrund des Bildes «Senza Titolo» von Jannis Kounellis. In ihnen ist Bewegung. Pfeile drängen von oben links nach oben rechts und von unten links nach unten rechts bis zur dreifachen Drei. Die Zahlen, Zeichen und Buchstaben erzählen vermutlich eine Geschichte, die sich der Betrachterin allerdings nicht unmittelbar erschliesst. Vielleicht wollen sie auch abhängig vom Betrachter unterschiedlich gezählt werden und somit eine je eigene Geschichte erzählen. Zählen und erzählen liegen von ihrem etymologischen Ursprung her nahe beieinander. Das althochdeutsche *zellan* umfasste wie auch noch das mittelhochdeutsche *zel[le]* Begriffe wie: zählen, rechnen, aufzählen, berichten, sagen. Erst das Neuhochdeutsche dividierte die Begriffe des Zählens und Erzählens auseinander. Aus dem Zählen wurde die vorwiegend rechnerische Tätigkeit. Bloss mit dem Präfix «er-» konnte das Zählen weiterhin als ein Berichten oder Mitteilen verstanden werden. Man könnte meinen, es sei reiner Zufall, dass zählen und erzählen im Deutschen nahe Verwandte sind. Ein Beispiel aus einer ganz anderen Sprache deutet jedoch auf das Gegenteil hin. So gehen im Hebräischen diejenigen Verbalformen, die wir im Deutschen mit zählen resp. erzählen übersetzen, auf die eine Wurzel «s-p-r» zurück; je nachdem, in welchem Verbalstamm diese drei Wurzelkonsonanten erscheinen, bedeutet die entsprechende Verbalform genau wie im Deutschen zählen oder eben erzählen. Das legt die Vermutung nahe, dass zwischen dem Zählen und Erzählen tatsächlich keine zufällige Gemeinschaft besteht, sondern dass die beiden ganz ursprünglich, geradezu genetisch verbunden sind. Wenn wir die Wortspielerei der genetischen Verbundenheit von Zählen und Erzählen weiterführen, landen wir beim Buch Genesis, das gleich zu Beginn der Bibel die Genese der Welt und des Menschen er-zählt. Gott scheidet am 1. Tag Licht und Finsternis, schafft am 2. Himmel und Erde, trennt am 3. Land und Wasser und lässt Grünes spriessen, hängt am 4. die Gestirne ins Himmelszelt, kreiert am 5. Wassertiere und Vögel und ruft am 6. Tage Landtiere und schliesslich den Menschen ins Leben. Alles von Gott Geschaffene wird vom Erzähler fein säuberlich in Tage hineingezählt.

Die Operationszeichen, das grosse X und die Pfeile, könnten dafür stehen, dass Gott bei der Schaffung der Welt wohl sorgfältig überlegt und laufend kalkuliert hat, um schliesslich bei der zweimal 3, also am sechsten Tage, zu einem Schluss zu kommen. Die dritte Drei musste wieder wegfallen: Zweimal drei Tage genügten. Vorderhand ist fertig gezählt, es wird erst einmal geruht.

Vermutlich hatte Kounellis bei der Arbeit an seinem Bild gar nicht diese Geschichte im Kopf. Aber wenn er es «Senza Titolo» lässt, gibt er den Betrachtenden – wohl durchaus absichtlich – einen Freipass, die Zahlen und Zeichen nach Gusto zu zählen und eine bekannte Geschichte zu assoziieren oder eine ganz neue zu erzählen.

ek

Literaturverzeichnis /

beten

Elias Canetti, Masse und Macht. Hamburg 1960, S. 243.

Durst haben

Antoine de Saint-Exupéry, Wind, Sand und Sterne (Originaltitel: Terre des hommes, 1939). Düsseldorf 1957, S. 201.

ermahnen

Franz Dornseiff, Deutscher Wortschatz nach Sachgruppen. Berlin 2004.

Apostelgeschichte 20,2, Lutherbibel

Das Neue Testament, übersetzt von Fridolin Stier. München 1989.

glauben

Karl Marx und Friedrich Engels, Die deutsche Ideologie. MEW 3, S. 33.

imaginieren

Robert Musil, Der Mann ohne Eigenschaften. Reinbek bei Hamburg 1987, S. 16.

klären

Konrad von Megenberg, Buch der Natur. Zit. in: Deutsches Wörterbuch von Jacob und Wilhelm Grimm, Band 11, Spalte 998, Nachdruck Deutscher Taschenbuch Verlag, München 1984.

Ausstellungskatalog zu Jean Dubuffet. Centre Pompidou, Paris 2001.

leuchten

Marianne Williamson, Unsere tiefste Angst, in: dies., Rückkehr zur Liebe. München 1993.

lieben

Kurt Marti, Zärtlichkeit und Schmerz. Darmstadt und Neuwied 1979, S. 120.

Ernesto Cardenal, Das Evangelium der Bauern von Solentiname. Band 2. Wuppertal 1978, S. 211.

unterbrechen

Jean Baptist Metz, Glaube in Geschichte und Gesellschaft. Mainz 1977, S. 150.

vergehen

Paul Gerhardt, Die güldne Sonne, in: Evangelisch-reformiertes Gesangbuch. Basel, Zürich 1998.

Karl Barth, Kirchliche Dogmatik III 2. Zollikon-Zürich 1959, S. 770 f.

vergessen

Auszüge aus Psalm 103 in: Dr. Ulrike Bail / Frank Crüsemann / Marlene Crüsemann (Hrsg.), Bibel in gerechter Sprache. © 2006, Gütersloher Verlagshaus, Gütersloh, in der Verlagsgruppe Random House GmbH.

Wenn nicht anders angemerkt, stammen die zitierten Bibelstellen aus Zürcher Bibel © 2007 Zürcher Bibel / Theologischer Verlag Zürich.

Die Autorinnen und Autoren /

Dorothee Dieterich, Jahrgang 1959, ist Theologin und Studienleiterin im Forum für Zeitfragen. dd

Esther Kobel, Dr. theol., Jahrgang 1977, ist Theologin, Gemeindepfarrerin in der Kirchgemeinde Basel West und Assistentin am Lehrstuhl für Neues Testament an der Universität Basel. ek

Anja Kruysse, Jahrgang 1967, ist Theologin im Bereich Gemeindedienste und Bildung der reformierten Kirchen Bern-Jura-Solothurn. ak

Luzius Müller, Dr. theol., Jahrgang 1969, ist Theologe, reformierter Universitätspfarrer und Spitalseelsorger in Basel. lm

Adrian Portmann, Dr. theol., Jahrgang 1965, ist Theologe und Studienleiter im Forum für Zeitfragen. ap

Hans-Adam Ritter, Jahrgang 1940, ist Theologe, ehemaliger Gemeindepfarrer und ehemaliger Studienleiter im Forum für Zeitfragen. har